W0032672

Für kleine
Zauberer

Michael Sondermeyer • Uwe Schenk

Hokus Pokus Fidibus
Für kleine Zauberer

Einfache Zaubertricks für Kinder

BASSERMANN

INHALT

Bevor es losgeht … _____ 6
Es gibt keine richtigen Zauberer _____ 7
Ein Zauberer verrät
keine Tricks _____ 8
Wenn du Hilfe brauchst _____ 9
Erwachsene –
das ideale Publikum _____ 9
Die Größe des Publikums _____ 10
Der Vortrag _____ 10
Womit man zaubert: Requisiten _____ 11
Effekte _____ 11
Wie du mehr über die
Zauberei erfahren kannst _____ 12
Ein heikles Thema: Üben _____ 13
Jetzt geht es los! _____ 14

Tricks mit Spielen _____ 15
Der Puzzle-Trick _____ 16
Der Memory-Trick _____ 22
Farben fühlen _____ 31
Der Domino-Trick _____ 35

Tricks mit Seilen _____ 40
Bastelanleitung Zauberseil _____ 41
Der Einhandknoten _____ 43
Der beidhändige Knoten _____ 46
Aus zwei mach eins! _____ 50
Die Ringbefreiung _____ 52

Verschiedene Tricks ———— 84
Eine starke Vorhersage ———— 85
Der sichere Griff ———— 90
Nasse Farben ———— 93

Tricks mit der Zaubermappe ———— 57
Bastelanleitung Zaubermappe ———— 59
Das Scheckheft ———— 62
Der Froschkönig ———— 64
Weggedacht ———— 65

Tricks mit Jogurtbechern ———— 70
Der schwere Jogurtbecher ———— 71
Ein Trick für Zwischendurch ———— 75
Der Schlusstrick ———— 78

Die Zaubershow ———— 96
Gelegenheiten ———— 97
Auftrittsorte ———— 97
Der Raum ———— 98
Das Drumherum ———— 99
Die Auswahl der Kunststücke ———— 102
Die Vorbereitungen ———— 103
Die Vorführung ———— 106

BEVOR ES LOSGEHT ...

Bevor es losgeht, wollen wir, die Autoren dieses Buches, uns erst einmal vorstellen: Wir heißen Uwe Schenk und Michael Sondermeyer und sind beide Zauberkünstler. Wir haben beide auch schon gezaubert und Zauberbücher gelesen, als wir noch Kinder waren. Wahrscheinlich waren wir damals etwa in deinem Alter.

Aber wir wissen natürlich nicht, wer du – unser Leser – bist. Wir wissen nicht, wie du heißt und wie alt du genau bist. Wir wissen auch nicht, ob du ein Mädchen oder ein Junge bist. Trotzdem sprechen wir in unserem Buch immer nur von Zauberern oder Zauberkünstlern und nie von Zauberinnen oder Zauberkünstlerinnen. Das hat nichts damit zu tun, dass Zaubern hauptsächlich etwas für Jungen wäre. Das kannst du auch an den Fotos in diesem Buch sehen. Nein, es hat einfach damit zu tun, dass das in Büchern in deutscher Sprache meistens so gemacht wird, weil es das Lesen sehr erleichtert.

Es gibt keine richtigen Zauberer

Du weißt wahrscheinlich längst, dass es keine richtigen Zauberer gibt, sondern dass alle Zauberkünstler mit Tricks arbeiten, die eigentlich jeder lernen kann.

Das bedeutet aber auch, dass Zauberkunststücke nicht einfach so von selbst funktionieren, nur weil man es will – auch nicht die, die wir dir gleich erklären werden. Um ein Kunststück vorführen zu können muss man erstens wissen, wie es geht, und zweitens muss man es üben.

Zaubern kann man nicht so lernen, wie man zum Beispiel Lesen, Rechnen oder eine Fremdsprache lernt. Bei diesen Fächern beginnen alle Anfänger auf die gleiche Art und Weise und lernen nach und nach immer mehr, bis sie Lesen oder Rechnen können. Beim Zaubern kann man dagegen auf ganz unterschiedliche Arten beginnen. Du könntest zum Beispiel als Erstes einen Kartentrick gelernt haben oder einen Zauberkasten besitzen, aus dem du Tricks vorführst.

Es gibt auch Zauberkünstler, die nur wenige Kunststücke können, diese aber ganz toll vorführen. Das heißt also: Es gibt keine Tricks oder Techniken, die ein Zauberkünstler unbedingt können muss.

Allerdings gibt es Tricktechniken und Vorführideen, die die meisten Zauberkünstler kennen und anwenden.

In diesem Buch lernst du ganz verschiedene Kunststücke mit den unterschiedlichsten Requisiten kennen, die du ausprobieren und vorführen kannst. Dabei erklären wir, was besonders wichtig für eine Zaubervorstellung ist. Es ist kein Grundkurs im Zaubern, denn so etwas gibt es für die Zauberkunst nicht, sondern ein Einstieg in das Geheimnis der Zauberei mit einer bunten Mischung wirkungsvoller Kunststücke.

Ein Zauberer verrät keine Tricks

Du weißt vielleicht, dass ein Zauberer nie verrät, wie er seine Tricks macht. Das gilt natürlich auch für dich, sobald du dich mit den Kunststücken in diesem Buch beschäftigst. Also, großes Indianer… Zauberkünstlerehrenwort!
Nun wirst du vielleicht sagen: „Typisch Erwachsene! Die schreiben da in dem Buch, dass man Zaubertricks nicht erklären soll, und was tun sie selbst? Sie erklären Zaubertricks!" Wir müssen zugeben, das ist ein Widerspruch, aber mal ganz ehrlich: Wie sollte es Zauberkünstler geben, wenn wirklich jeder Zauberer seine Tricks für sich behalten würde? Dann wäre nämlich die Zauberkunst in kürzester Zeit ausgestorben und keiner wüsste mehr, wie irgendein Trick geht.
Die Regel, dass ein Zauberer nie verrät, wie er seine Tricks macht, müsste also genauer lauten: Ein Zauberkünstler verrät nicht wahllos jedem, wie er seine Tricks macht. Er überlegt sich nur sehr genau, wem er einen Trick verrät.

Wir wissen aber selbst, dass es manchmal sehr schwer sein kann, seinen Zuschauern nicht zu verraten, wie einfach ein Trick ist, nachdem man ihn vorgeführt hat und ganz begeistert davon ist. Es sieht zum Beispiel so aus, als ob wir mit den Fotos auf der Vorder- und Rückseite dieses Buches einen Trick erklären würden. Wir haben dabei aber eigentlich nur gezeigt, wie sich alle Leute Zaubern vorstellen: Man zaubert zum Beispiel etwas aus dem Zylinderhut! Das Foto auf der Rückseite zeigt die Erklärung, die viele dafür haben: Im Tisch und im Hut sind Löcher und die Tücher liegen unter der Tischdecke.
Viele Leute glauben tatsächlich, dass Zaubertricks so oder ähnlich funktionieren. Du wirst beim Lesen in diesem Buch aber feststellen, dass es viel ver-

blüffendere und spannendere Erklärungen gibt. Aber auf dem Umschlag des Buches wollten wir eben nicht wirklich ein Kunststück erklären, denn sonst wüsste ja jeder, der sich das Buch im Buchladen oder in der Bücherei nur anschaut, schon einen Zaubertrick.

Wenn du Hilfe brauchst

Bei einigen Kunststücken benötigst du Dinge, die du vielleicht alleine nicht besorgen kannst. Oder du benötigst beim Basteln etwas Hilfe. Dann zeige deinen Eltern oder einem anderen Erwachsenen, der dir helfen kann, die Stellen im Buch, bei denen du Hilfe brauchst. Wir hoffen, dass sie dich dann bei deinen Zauberversuchen unterstützen. Den Rest dieses Buches solltest du ihnen aber nicht zu lesen geben. Wenn sie vor deiner ersten Zaubervorstellung schon wissen, was wie und wo geschieht, sind sie nämlich keine guten Zuschauer mehr, weil sie dann nicht mehr überrascht sind.
Das ist übrigens auch der Grund, warum man ein Kunststück (von Ausnahmen abgesehen) nicht zweimal vor demselben Publikum zeigen sollte, zumindest nicht sofort hintereinander. Wenn die Zuschauer schon wissen, was kommt, dann passen sie viel besser auf als beim ersten Mal und kriegen vielleicht heraus, wie der Trick funktioniert.

Erwachsene – das ideale Publikum

Wenn wir schon gerade beim Thema Erwachsene sind: Wir würden dir vorschlagen deine ersten eingeübten Zaubertricks und auch die ersten Zauberprogramme, die du zusammengestellt hast, vor Erwachsenen und nicht vor Gleichaltrigen vorzuführen. Du wirst dich jetzt vielleicht fragen, warum du dein Können nicht deinen Freunden oder Klassenkameraden zeigen sollst. Wir können dir aus unserer Erfahrung sagen (wir haben beide, wie gesagt, auch schon als Kinder gezaubert), dass es einfacher ist vor Erwachsenen aufzutreten. Erwachsene lassen sich in der Regel gerne von Kindern „bezaubern" und haben ihren Spaß daran. Wenn du dagegen vor deinen Freunden zauberst, die dich ja vom täglichen Zusammensein gut kennen, kann es passieren, dass diese dich in deiner Rolle als Zauberkünstler gar nicht ernst nehmen und dich nach jedem Kunststück bestürmen zu verraten, wie du es gemacht hast.
Wenn du nach einigen Auftritten deine Tricks ganz sicher beherrschst, kannst du ja mal einen Versuch wagen und vor deinen Freunden zaubern. Du wirst sofort den Unterschied feststellen, von dem wir gerade gesprochen haben.

Die Größe des Publikums

Es gibt sehr viele verschiedene Arten Zauberkunststücke vorzuführen. Einige bekannte Zauberkünstler haben große Bühnen- oder sogar Fernsehshows mit riesigen Requisiten, die man auch sehen kann, wenn man als Zuschauer in der letzten Reihe einer großen Halle sitzt. Andere zaubern nur am Tisch für einige wenige Zuschauer. Wieder andere zaubern nur mit Spielkarten oder Münzen.
Die Kunststücke, die wir dir in diesem Buch vorstellen, sind alle für eine Gruppe von etwa sechs bis 15 Zuschauern gedacht, vor denen du stehend zauberst. Das bedeutet natürlich nicht, dass du vor fünf oder 16 Zuschauern nicht zaubern sollst, sondern es ist nur eine ungefähre Zahl. Man muss sich als Zauberkünstler nämlich vor einer Vorstellung überlegen, ob auch alle Zuschauer sehen können, was man vorne vorführt. Zu diesem Thema kannst du weiter hinten in diesem Buch noch etwas mehr lesen.

Der Vortrag

Ein Zauberprogramm (man führt ja meistens nicht nur einen einzelnen Trick vor, sondern mehrere hintereinander) sollte so flüssig ablaufen, dass die Zuschauer keine Zeit dazu haben sich zu überlegen, wie die einzelnen Kunststücke wohl gehen. Außerdem sollte das Trickgeheimnis sowieso nicht das Wichtigste für die Zuschauer sein. Wir führen ihnen ja keine Rätsel oder Denksportaufgaben vor, bei denen es darum geht herauszubekommen, wie der Trick funktioniert, sondern wir wollen sie unterhalten. Und Unterhaltung ist am schönsten, wenn die Zuschauer lachen oder staunen und nicht sofort grübeln und nachdenken.

Damit die Zuschauer, denen wir unsere gerade eingeübten Tricks vorführen, unterhalten werden, ist besonders wichtig, was wir bei der Vorführung erzählen. Man nennt das den *Vortrag* zu einem Trick. Erst der Vortrag macht aus einem Trick ein echtes Kunststück. Es reicht also nicht, wortlos vor seinem Publikum zu stehen oder irgendetwas Sinnloses daherzuplappern wie: „Äh, ich habe hier einen … äh …" Denn schon bald würden sich die Zuschauer fragen, was um alles in der Welt ein Äh ist. Aus diesem Grund haben wir bei den folgenden Kunststücken immer auch beschrieben, was du dazu erzählen kannst. Bei deinen ersten Versuchen vor Zuschauern zu zaubern solltest du dich ziemlich genau an unsere Texte halten. Natürlich müssen sie einigermaßen zu dir passen. Aber du wirst schon nach einigen Vorführungen merken, dass sich der Vortrag ganz von

Womit man zaubert: Requisiten

Beim Durchblättern des Buches hast du vielleicht schon gesehen, dass du zu den einzelnen Kunststücken Requisiten brauchst, zum Beispiel Dominosteine, Filmdosen und so weiter. Wir haben bei der Auswahl der Dinge darauf geachtet, dass es dir keine Schwierigkeiten macht sie zu besorgen.
Wenn etwas gebastelt werden muss, brauchst du es in der Regel auch nur ein einziges Mal zu basteln und nicht für jede Vorstellung von neuem. Vielleicht erscheinen dir manche Bastelbeschreibungen kompliziert, wenn du sie zum ersten Mal liest. Das sollte dich aber nicht abschrecken den Trick auszuprobieren. Meistens hilft schon ein zweites Lesen. Manchmal ist es hilfreich, wenn du beim Lesen schon die notwendigen Requisiten in der Hand hältst und das Beschriebene direkt ausprobierst.

selbst verändert und immer mehr zu deinem eigenen wird. In unseren Vortragsanregungen sprechen wir das Publikum immer mit „Sie" an. Das solltest du natürlich in ein „Du" umändern, wenn du im Familienkreis zauberst, damit sich die Anwesenden nicht allzu sehr wundern.

Außer dem Wort „Vortrag" wirst du in diesem Buch noch einigen anderen Fachausdrücken begegnen, die Zauberkünstler benutzen. Wir werden sie dir an den Stellen, wo sie benutzt werden, erklären.

Effekte

Wenn du dir die in diesem Buch beschriebenen Kunststücke einmal anschaust, wirst du feststellen, dass sie sehr unterschiedlich sind. Sie haben unterschiedliche *Effekte*, wie die Zauberkünstler sagen (da ist schon der nächste Fach-

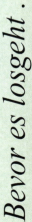

Bevor es losgeht ...

ausdruck!). Der Begriff „Effekt" wird benutzt, wenn man beschreiben will, was bei einem Zaubertrick passiert. Ein Effekt ist zum Beispiel, etwas herzuzaubern, also erscheinen zu lassen. Andere Effekte sind, etwas verschwinden, wandern oder schweben zu lassen. Natürlich gibt es noch viele weitere Effekte. Ein kluger Zauberkünstler ist einmal auf ungefähr 20 gekommen. Du kannst ja mal überlegen, wie viele dir einfallen.

Du solltest bei deinem Programm immer auch darauf achten, dass möglichst viele unterschiedliche Effekte darin vorkommen. Stell dir mal vor, wie langweilig es beispielsweise wäre, wenn ein Zauberkünstler immer nur Dinge verschwinden ließe: zuerst eine Taube, dann einen Ball und anschließend eine Blume. Es handelt sich dann zwar immer um andere Gegenstände, aber der Effekt – nämlich das Verschwinden – wäre immer der gleiche. Genau so langweilig wäre es auf der anderen Seite für die Zuschauer, wenn du ein ganzes Programm nur mit einem Requisit, also zum Beispiel mit einem Seil vorführen würdest. Dann gäbe es zwar verschiedene Effekte – man kann ein Seil zerschneiden und wieder ganz machen, man kann es stocksteif werden lassen, man kann es verlängern und vieles mehr – aber die Zuschauer würden es vermutlich nach einiger Zeit leid sein immer nur Seile zu sehen.

Wie du mehr über die Zauberei erfahren kannst

Die Zauberkunst ist sehr alt und hat eine wechselvolle Geschichte. Aber dieses Buch hat nicht so viele Seiten, dass wir dir neben den ganzen Kunststücken auch noch davon erzählen könnten. Wenn du Interesse daran hast zu erfahren, seit wann schon gezaubert wird, was Zauberer in früheren Jahrhunderten vorgeführt haben und wie diese Künstler hießen, dann solltest du dich einmal in der Bücherei umschauen oder in einem Buchladen nach anderen Zauberbüchern erkundigen. Es gibt einige, die ziemlich ausführlich und mit vielen Bildern von der Geschichte der Zauberkunst berichten. Möglicherweise willst du auch einfach noch andere Zauberkunststücke aus anderen Zauberbüchern kennen lernen. Vielleicht wirst du dich dann wundern, dass in anderen Büchern manchmal ähnliche Tricks erklärt werden wie in diesem Buch. Das liegt daran, dass wir die Kunststücke natürlich nicht alle selbst erfunden haben, sondern auch solche erklären, die wir selbst irgendwo gelesen, ausprobiert und dann in veränderter Form für dich beschrieben haben.

Du wirst vielleicht, wenn du dich erst einmal etwas länger mit der Zauberei beschäftigt hast, selbst Ideen für neue Zaubertricks bekommen. Aber auch diese selbst erfundenen Kunststücke müssen, wie alle anderen auch, geübt werden, bevor du sie vor Zuschauern ausprobierst. Und das bringt uns zu einem ganz besonders wichtigen Thema: dem Üben.

Ein heikles Thema: Üben

Wir sagen Kindern, die uns nach unseren Zaubervorstellungen ansprechen und auch zaubern lernen wollen, immer, dass Zaubern lernen so ähnlich ist wie ein Musikinstrument zu spielen. Auch wenn du Blockflöte spielen lernst, musst du erst einmal die einzelnen Lieder üben, bevor du sie fehlerfrei spielen und vielleicht bei einem Konzert aufführen kannst. Genauso ist es auch mit den Zaubertricks: Wenn man sie schlecht vorführt ohne sie vorher geübt zu haben, wirken sie nicht.
Nun wirst du vielleicht fragen, wie man denn am besten üben soll. Diese Frage ist nicht ganz leicht zu beantworten, denn jeder lernt anders. Der eine kann

einen Trick schon, wenn er ihn nur einige Male für sich geprobt hat, ein anderer braucht länger dazu. Du musst deshalb lernen selbst zu entscheiden, wann ein Trick „vorführreif" ist.
In vielen Zauberbüchern kann man lesen, dass man Zaubertricks vor einem Spiegel üben soll. Das ist allerdings nicht immer ganz einfach, wenn du nicht gerade vor der Garderobe im Flur, im Badezimmer oder im Schlafzimmer der Eltern üben willst. Außerdem sieht man sich im Spiegel immer nur aus einem Blickwinkel, so als ob bei einer

Vorstellung nur ein einziger Zuschauer zugucken würde. Bei einer echten Zaubervorstellung sind es ja meistens mehrere Zuschauer, die dann auch aus verschiedenen Blickwinkeln sehen, was du machst. Das Schwierige bei der Zauberei ist nämlich, dass die Zuschauer, vor denen du zauberst, etwas anderes sehen als du selbst. Erstens sehen sie es aus einem anderen Blickwinkel als du und zweitens sehen sie auch nicht alles (und das ist auch gut so, denn sonst würde ja jeder sofort mitbekommen, wie der Trick funktioniert).

Deshalb ist es am besten, wenn du einen Vertrauten hast, dem du die Tricks vorführen kannst, wenn du selbst meinst, du hast sie genug geübt. Diese Person muss natürlich ehrlich zu dir sein und dir sagen, was vielleicht noch falsch ist oder ob noch etwas zu sehen ist, was nicht zu sehen sein sollte. Es nützt nichts, wenn es zum Beispiel die Großmutter oder der Großvater sind, die sowieso alles gut finden, was du tust, oder dich nicht entmutigen wollen, und deshalb so tun, als ob sie nichts bemerken, wenn etwas nicht klappt.

Du kannst natürlich auch gemeinsam mit einem Freund oder einer Freundin Tricks einüben und ihr könnt sie dann auch zusammen vorführen. Euer gemeinsames Programm könnte zum Beispiel so aussehen, dass ihr euch nach jedem Trick abwechselt. Einer führt das Kunststück vor, der andere assistiert, wenn das nötig ist, und beim nächsten Trick geht es anders herum.

Jetzt geht es los!

Nach dieser langen Einleitung geht es nun endlich los. Zunächst beschreiben wir dir einige Kunststücke, die nach den Requisiten, die du benötigst, geordnet sind. Am Ende des Buches beschreiben wir, was du beachten musst, wenn du eine komplette Zaubershow geben willst.

Bei einem Zauberprogramm ist zum Beispiel die Reihenfolge der gezeigten Kunststücke sehr wichtig. Nicht jeder Trick eignet sich als Anfangs- oder Schlusstrick und auch die übrige Abfolge ist nicht beliebig. Deshalb machen wir dir im hinteren Teil dieses Buches auch einen Vorschlag für einen Programmablauf mit dem dazugehörenden Vortrag.

TRICKS MIT SPIELEN

Tricks mit Spielen

In diesem Kapitel haben wir Kunststücke beschrieben, die ganz unterschiedliche Effekte und Methoden haben. Gemeinsam ist allen, dass man Spiele oder Spielzeug dazu benutzt. Du wirst beim Lesen feststellen, dass einige dieser Dinge zum Zaubern etwas verändert werden müssen. Aber die Mühe lohnt sich, denn die Zuschauer sind doppelt verblüfft, wenn du ein Kunststück vorführst, bei dem du ganz „normale" Gegenstände benutzt. Grundsätzlich gilt: Je natürlicher alles ist, was du beim Zaubern benutzt und tust, umso verblüffter ist das Publikum. Wenn du aus einem rot glitzernden Zauberkästchen eine gold schimmernde Kugel herauszauberst, vermutet nämlich jeder Zuschauer sofort, dass diese Requisiten spezielle Zaubersachen sind, die extra für den Trick erfunden wurden. Wenn du aber Alltagsgegenstände wie zum Beispiel Spiele benutzt, denkt jeder erst einmal, dass er diese Dinge kennt und weiß, dass man eigentlich damit nicht zaubern kann. Du aber kannst es und wie das geht, das erkären wir dir jetzt.

Der Puzzle-Trick

Effekt
Der Effekt bei diesem Kunststück ist, dass du einige Puzzleteile eines Puzzlespiels nimmst, diese in den umgedrehten Deckel des Puzzles wirfst, etwas schüttelst … und die meisten Teile haben sich „von alleine" zusammengesetzt.

Geheimnis
Nun kannst du natürlich versuchen es einfach so, wie wir es beschrieben haben, auszuprobieren, aber wir sind sicher, dass du keine zwei Teile durch Schütteln zusammenbekommst. Außerdem ist es natürlich gar nicht möglich, einfach so durch Zufall eine Handvoll Teile aus dem Spiel herauszugreifen, die zusammenpassen. Es wird dich also nicht überraschen, dass ein Trick dabei ist: Das Puzzlespiel ist *präpariert*.

„Präpariert" kommt aus dem Lateinischen und bedeutet so viel wie „vorbereitet". Eine „Präparation" ist also eine Vorbereitung. Bei Zauberern bedeutet Präparation, dass ein Gegenstand verändert wurde um ein Zauberkunststück damit vorführen zu können. Die Zuschauer dürfen von der Präparation natürlich nichts bemerken. Eigentlich müsste man deshalb von einer „geheimen Vorbereitung" sprechen.

Die Präparation des Puzzlespiels erfordert etwas Bastelarbeit, die aber ziemlich einfach ist.
Bitte lies dir die Bastelanleitung und auch die Trickbeschreibung erst ganz durch, bevor du anfängst zu basteln. Dann weißt du nämlich viel besser, auf welche Einzelheiten du bei der Präparation achten musst.

Vorbereitung/Präparation

Material
- Puzzlespiel
- Pappe
- Klebstoff
- Messer oder Schere
- evtl. Geschenkpapier

1. Das Puzzle kann ruhig alt und unvollständig sein, aber es sollte doch noch viele Teile haben. Leider ist es nach der Präparation nicht mehr zum Puzzlen zu gebrauchen. Falls du keines deiner Puzzles opfern willst, schau dich auf Flohmärkten um. Dort gibt es häufig sehr preiswert gebrauchte Puzzlespiele zu kaufen. Für den Effekt ist es besser, wenn du ein Puzzle mit vielen sehr kleinen Teilen nimmst und nicht eins mit großen Teilen, wie es sie für kleine Kinder gibt.

2. Nun zur Präparation: Zuerst veränderst du den Deckel des Spiels. Dazu benötigst du ein Stück Pappe, das genauso breit ist wie der Innenraum deines Puzzledeckels, aber in der Länge nur etwas mehr als die Hälfte des Deckels bedeckt. Die Pappe sollte genauso aussehen, also die gleiche Färbung haben wie die Pappe, aus der der Deckel deines Spiels gemacht ist. Wenn du eine solche Pappe nicht findest, kannst du dir mit einem kleinen Trick helfen: Du beklebst sowohl die Pappe als auch den Puzzlespieldeckel von innen mit Papier, und zwar am besten mit einem Papier, das ein kleines unregelmäßiges Muster hat. Warum, erklären wir dir gleich.

3. Mit der Pappe bastelst du nun in den Deckel eine Art Tasche. Dafür ritzt du zunächst mit einer Schere oder einem Messer und einem Lineal an einer

Tricks mit Spielen

17

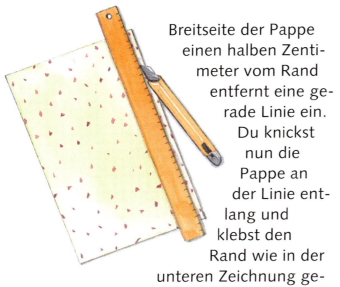

Breitseite der Pappe einen halben Zentimeter vom Rand entfernt eine gerade Linie ein. Du knickst nun die Pappe an der Linie entlang und klebst den Rand wie in der unteren Zeichnung gezeigt an einer Seitenwand des Deckels fest. Die ganze Pappe liegt dadurch mit etwas Abstand im Deckel.

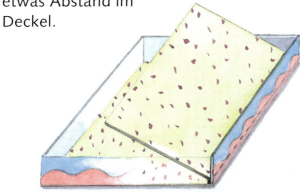

Für die Vorführung des Kunststücks ist es gut, wenn sich die Pappe im Deckel nicht zu leicht bewegen lässt, sondern eher an den Rändern etwas schleift. Dann ist die Gefahr nicht so groß, dass sie aus dem Deckel herausklappt.

4. Nun beginnst du ein Teil des Puzzles zusammenzusetzen. Das Puzzlestück sollte einen großen Teil der eingeklebten Pappe bedecken können. Wichtig ist vor allem, dass die obere Kante der Pappe zum größten Teil mit Puzzlestücken bedeckt ist, denn die Zuschauer dürfen nicht sehen, dass es im Deckel eine „Tasche" gibt.

Bei einigen Puzzlespielen ist die Größe des Deckels so bemessen, dass das fertige Puzzle nachher genau in den Deckel passt. Das ist für unseren Trick ungünstig, da du dann viel zu viele Teile brauchst um die Pappe zu verdecken. Wenn das bei deinem Puzzle der Fall ist, solltest du dir noch ein zweites Puzzlespiel mit einem sehr kleinen Kasten besorgen und von diesem Spiel nur den Kasten benutzen. Du kannst natürlich auch einen anderen Spielkarton nehmen, den du dann nur außen bekleben musst.

5. Das zusammengesetzte Puzzlestück wird nun auf die Pappe im Deckel aufgeklebt und zwar so, dass der Rand des Stücks genau mit dem Rand der Pappe abschließt. Es sieht natürlicher aus, wenn in deinem Puzzlestück ab

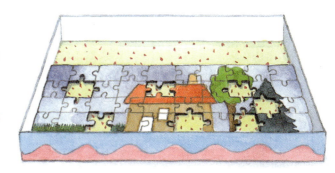

und zu ein Teil fehlt, so wie du es auf den Zeichnungen erkennen kannst.

Ein Tipp zum Aufkleben: Versuche nicht die Puzzleteile einzeln der Reihe nach auf die Pappe zu kleben, weil sich ganz oft schon nach wenigen Teilen die Reihen untereinander verschieben und du deine Teile nicht mehr zusammenbekommst. Besser ist es das Puzzlestück mit Puzzlekleber vorher zusammenzukleben und erst dann als Ganzes auf die Pappe zu legen. Wenn du keinen Puzzlekleber hast, drehst du dein Puzzlestück um – du musst es dann vielleicht nochmal etwas nachbessern – und bestreichst es dünn mit Klebstoff oder klebst zwei Streifen Klebefilm darüber. Die Hauptsache ist, dass du es als Ganzes auf die Pappe kleben kannst.

6. Jetzt kannst du auch schon das Geheimnis des Tricks erahnen: Wenn die Pappe mit dem aufgeklebten Puzzlestück im Deckel liegt, kann man gar nicht mehr erkennen, dass der Deckel nicht mehr ganz gerade und durchgehend ist und sich unter dem Puzzlestück noch etwas verbergen könnte. Vor allem, wenn du deinen Deckel und die Pappe mit einem Papier beklebt hast, das ein ganz unregelmäßiges Muster hat, ist der Rand der Pappe selbst auf kürzeste Entfernung nicht mehr zu erkennen.

Nun kannst du eigentlich auch schon drauflospuzzlen. Das heißt, bevor du das Kunststück zeigst, stellst du den Puzzlekasten halb in den Deckel, sodass dieser die Präparation verdeckt, und legst die restlichen Puzzleteile lose in den Kasten.
Wenn die eingeklebte Pappe an den Rändern des Deckels etwas schleift, hebst du sie vor der Vorführung etwas an, sodass ein kleiner Spalt zwischen Deckelboden und Pappe entsteht.

Vorführung

1. Du erklärst deinen Zuschauern: *„Zauberer zeigen meistens etwas ‚weltfremde' Kunststücke. Anstatt zu Hause das Geschirr sauber zu zaubern oder die Hausaufgaben ‚magisch' zu erledigen, zaubern sie lauter Dinge, mit denen man im Alltag kaum etwas anfangen kann. Ein kleiner Versuch etwas Praktisches zu zaubern ist jedoch das nächste Kunststück."*

Tricks mit Spielen

2. Du hebst das Puzzlespiel samt Deckel auf, nimmst dann den Kasten aus dem Deckel und stellst ihn neben dir auf den Tisch. Den Deckel drehst du gleichzeitig etwas zu dir, sodass die Zuschauer nicht in das Innere schauen können.

dem Kasten zu nehmen. Das spart das lästige Sortieren."

Bei diesen Worten greifst du in den Kasten und nimmst eine Handvoll Puzzleteile heraus. Diese lässt du jetzt aus der Hand in den Deckel rieseln, den du mit der Öffnung der „Tasche" nach oben und leicht zu dir geneigt hältst (wie in der Zeichnung). Die Teile müssen in den oberen Teil des Deckels fallen, der nicht von der Pappe bedeckt ist. Es macht aber nichts, wenn einige auch auf dem fertigen Puzzlestück landen. Das verstärkt bei den Zuschauern nachher sogar noch den Eindruck, dass es sich wirklich um einzelne Puzzlestücke handelt.

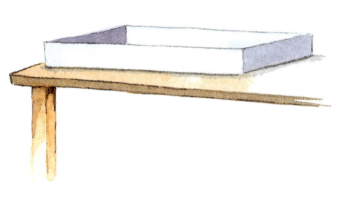

3. Dazu sagst du: *„Sie alle wissen, wie mühselig und langwierig es sein kann ein Puzzle zusammenzusetzen. Ich habe lange nach einer Möglichkeit gesucht dies zu vereinfachen. Es ist noch nicht perfekt – aber ich versuche es einmal. Zuerst muss man üben, ganz konzentriert mit einem Griff passende Teile aus*

4. Du sagst: *„Wenn es geht, versucht man die Teile sofort richtig zu platzieren und dann ... sortiert man sie und fügt sie zusammen."* Du hältst den Deckel dabei zwischen beiden Händen – immer noch zu dir geneigt – und machst kreisende Bewegungen, so als ob du tatsächlich versuchen würdest die Teile zu ordnen.

In Wirklichkeit lässt du jetzt alle Teile (bis auf ein oder zwei, die auf dem Puzzlestück liegen) unter die Pappe rutschen.

Falls die Pappe zu dicht am Deckel aufliegt, kannst du sie entweder mit den Fingern der den Kasten haltenden Hände etwas anheben oder auch ganz kurz in den Deckel greifen und einige Teile unter die Pappe schieben. In diesem Fall sagst du einfach: „*Da klemmt ein Teil!*"

5. Wenn alle Teile unter der Pappe liegen, drehst du den Deckel so, dass die Klebekante der Pappe zu den Zuschauern zeigt. Dann setzt du einen Finger auf das aufgeklebte Puzzlestück, als ob du es vor dem Verrutschen bewahren wolltest, und hebst den Deckel langsam in Richtung der Zuschauer. Der Finger ist natürlich dazu da um zu verhindern, dass die Pappe aus dem Deckel herausklappt.

Dabei sagst du: „*Wir haben jetzt leider keine Zeit das Puzzle ganz fertig zu machen – aber bis hierhin sieht es doch schon ganz gut aus!*" Du hältst den Deckel dabei die ganze Zeit ganz vorsichtig, so, als hättest du Angst, dass das Puzzle wieder auseinandergeht. Dann verbeugst du dich kurz – denk dabei aber an das Puzzle –, nimmst den Kasten vom Tisch und setzt ihn vorsichtig wieder in den Deckel. Das Ganze stellst du nun außer Reichweite der neugierigen Zuschauer ab und kannst dann weiterzaubern.

Tricks mit Spielen

Der Memory®-Trick

Material
★ 10 Memory-Kartenpaare

Hast du dir beim Lesen der Überschrift schon gedacht, worum es bei diesem Zaubertrick geht? Richtig, um ein Kunststück mit Memorykarten. Das sind die einzigen Requisiten, die du für diesen Trick brauchst. Vielleicht hast du irgendwo in der Ecke deines Spielzimmers noch ein altes Memoryspiel liegen. Es macht nichts, wenn nicht mehr alle Karten da sind, denn wir brauchen nur zehn Paare. Du kannst dir natürlich auch selbst zehn Kartenpaare aus Pappquadraten basteln. Die Bilder kannst du aufmalen oder aufkleben. Damit der Trick bei den Zuschauern auch richtig wirkt, sollten allerdings die Kartenpaare gleich sein, also nicht nur irgendwie ähnlich. Man muss sofort erkennen können, welche Karten zusammengehören.

Bevor du jetzt anfängst zu lesen, noch ein wichtiger Hinweis: Dieses Kunststück gehört zu denen, für die man eine etwas längere und kompliziert erscheinende Erklärung braucht. Damit du das Buch jetzt nicht nach den ersten Zeilen genervt zur Seite legst, wollen wir dir verraten, dass dieser Trick unserer Meinung nach einer der besten und wirkungsvollsten dieses Buches ist. Es lohnt sich also weiterzulesen und ihn einzuüben.

Aber zuerst wollen wir dir den Effekt beschreiben.

Effekt

Der Zauberkünstler legt 20 Memorykärtchen verdeckt, also mit der Rückseite nach oben, im Rechteck auf dem Tisch aus. Dann dreht er eine der Karten um und erklärt, dass es gar nicht so leicht sei mit einem Versuch die zweite, dazu passende Karte zu finden. Ein Zuschauer probiert es und schafft es natürlich nicht.

Aber es wird noch schwieriger: Der Zauberer nimmt verdeckt eine Karte und legt sie vor sich hin. Nun soll der Zuschauer versuchen die passende Karte – auch verdeckt – zu finden und – ebenfalls verdeckt – vor sich auf den Tisch zu legen. Jetzt ist der Zauberer wieder an der Reihe, dann der Zuschauer und so weiter. Zum Schluss liegt ein kleiner Kartenstapel vor beiden Mitspielern. Drehen nun der Zauberer und der Zuschauer jeweils ihre Karten gleichzeitig um, zeigt sich, dass es immer die zusammengehörenden Paare sind. Der Zuschauer hat die richtigen Karten gefunden, allerdings ohne zu wissen wie.

Geheimnis

Im Moment weißt du sicher auch noch nicht wie. Oder hast du schon eine Ahnung, wie der Trick funktioniert? Wenn du schon des öfteren Memory gespielt hast, könntest du vielleicht eine Vermutung haben. Es kommt vor allem bei oft benutzten Memoryspielen vor, dass einzelne Karten nach einiger Zeit auf der Rückseite Macken oder Kratzer bekommen, sodass sie für den, der von den Macken oder Kratzern weiß, von der Rückseite aus zu erkennen sind. Das bringt natürlich einen Vorteil gegenüber dem anderen Spieler, der nichts davon weiß. Aber wenn das wirklich die Trickerklärung wäre, müssten für diesen Trick alle Karten auf der Rückseite markiert sein und das wäre vielleicht doch etwas gefährlich, denn die Zuschauer schauen manchmal doch sehr genau zu. Außerdem hat die Sache noch einen Haken: Wir haben ja gerade in der Beschreibung des Effekts gesagt, dass du als Zauberkünstler die erste Karte nimmst und dann erst der Zuschauer die zweite, von der er meint, es wäre die dazu passende. Also würde auch eine Markierung der Rückseiten nichts nützen. Deshalb müssen wir uns etwas anderes einfallen lassen, und zwar gleich zweifach.

Das erste Andere ist eine ganz alte Methode, die schon im Jahre 1740, also vor mehr als 250 Jahren von Zauberkünstlern benutzt worden ist. Die Methode heißt: *Mutus, Dedit, Nomen, Cocis* (das wird Kokis gesprochen).

Das sind lateinische Wörter, sie haben aber hier eigentlich keine Bedeutung, außer dass ein gewisses System dahintersteckt:

Erstens hat jedes Wort fünf Buchstaben, also vier Wörter mal fünf Buchstaben, das sind zusammen 20. Genauso viele wie wir Karten für unseren Trick benutzen.

Und zweitens kommt in diesen vier Worten jeder Buchstabe genau zweimal vor, wie bei den benutzten Karten auch jede zweimal vorkommt.

Du kannst die Wörter ja mal kontrollieren. Zum Beispiel sind in *Mutus* gleich zwei U, dafür kommt aber in den restlichen Worten keines mehr vor. Oder das M: Eines ist in *Mutus*, das zweite kommt im Wort *Nomen* vor. Und so geht es mit allen anderen Buchstaben auch.

Tricks mit Spielen

Im Prinzip könnte man natürlich auch andere Wörter nehmen. Sie müssen nur alle fünf Buchstaben haben und jeder Buchstabe darf, wie gesagt, insgesamt nur zweimal vorkommen. Wenn du vier Wörter findest, auf die das zutrifft, kannst du auch diese benutzen. Du kannst es ja mal versuchen. Aber es ist gar nicht so leicht, wie es aussieht. Wir, Uwe und Michael, haben versucht andere Worte zu finden, die du dir vielleicht besser merken kannst, weil sie etwas bedeuten, aber wir haben es nicht geschafft.

Das ist nämlich der Haken an dem Trick: Du musst dir die Worte *Mutus, Dedit, Nomen, Cocis* merken, sie auswendig lernen. Aber keine Sorge, man kann sich oft Sachen, die nichts bedeuten, besser merken als andere, die etwas bedeuten (wie zum Beispiel Gedichte in der Schule).

Am besten merkst du dir die Wörter, wenn sie in vier Reihen untereinander stehen:

M U T U S

D E D I T

N O M E N

C O C I S

So musst du dann auch die Karten auf dem Tisch auslegen, also in vier Reihen von je fünf Karten. Du hast vielleicht schon gemerkt, dass jeder Buchstabe unseres Spruchs für eine Karte steht. Dabei bedeuten gleiche Buchstaben auch gleiche Karten. Du brauchst dir also für den Trick nicht zu merken, welches Paar wo liegt. Es reicht zu wissen, an welcher Stelle zwei zusammengehörende Karten liegen. Die eine Karte, die für das „M" steht, liegt also einmal als erste Karte in der ersten Reihe und einmal als dritte, mittlere Karte in der dritten Reihe von oben. Zweites Beispiel: Die Karten, die für das „S" stehen, liegen in der ersten und letzten Reihe jeweils an letzter Stelle.

Vorbereitung

1. Du solltest zur Vorbereitung des Tricks die 20 Karten, die du zu dem Kunststück benutzen willst, erst einmal offen nach unserem System vor dir auslegen (wie in der Zeichnung oben).

2. Danach legst du sie nacheinander in deine Hand, zuerst die Karte oben links (das „M"). Dann legst du die Karte rechts daneben (das „U") auf die „M"-Karte in deiner Hand und so weiter, bis zum Ende der Reihe. Bei der nächsten Reihe fängst du wieder links an und machst weiter, bis du einen Stapel von 20 Karten in der Hand hältst.

3. Wenn du den Stapel nun mit der Rückseite der Karten nach oben drehst, bist du eigentlich für die Vorführung vorbereitet.

Wenn du die Karten dann während der Vorführung von links nach rechts und von oben nach unten auslegst, liegen sie wieder passend zu den Buchstaben, nur diesmal verdeckt.
Deine Zuschauer dürfen natürlich nichts davon wissen, dass die Karten in einer bestimmten Reihenfolge liegen und auch, dass es sich genau um 20 Karten handelt, brauchst du nicht zu erwähnen. Unser lateinischer Vier-Wörter-Spruch ist selbstverständlich auch nicht für die Zuschauer bestimmt.

Ein zweites Geheimnis?
Du wirst dich vielleicht erinnern, wir hatten ja vorhin von zwei Methoden gesprochen, die wir zu diesem Kunststück benutzen. Unser Spruch mit vier Wörtern ist eine, die andere heißt *x-plus-eins*.
Jetzt sehen wir dich schon wieder mit Fragezeichen in den Augen vor diesem Buch sitzen. Aber immer mit der Ruhe, die Erklärung dieser Formel (keine Angst, es wird nicht mathematisch) folgt gleich an der Stelle, wo wir sie brauchen.

Vorführung
1. Zu Beginn des Kunststücks fächerst du erst einmal die Karten mit der Bildseite zu den Zuschauern ein wenig aus und sagst: *„Ich habe hier einige Memorykarten, die ich verdeckt auf dem Tisch auslege."* Durch das Auffächern sieht dein Publikum, dass die Karten (scheinbar) ungeordnet sind.

2. Dann drehst du sie wieder mit der Bildseite nach unten und beginnst sie auszulegen. Du musst die Karten jetzt genauso auslegen, wie du sie bei der Vorbereitung eingesammelt hast: Zuerst legst du die oberste Reihe von links nach rechts, dann die zweite Reihe von links nach rechts und so weiter.

Liegen alle 20 Karten auf dem Tisch, weißt du vielleicht nicht, welche Karte wo liegt, aber durch unseren Spruch *Mutus ...* weißt du wenigstens, wo jeweils zwei zusammengehörige Karten liegen, nämlich dort, wo bei dem Spruch gleiche Buchstaben sind. Wenn du den Spruch leise im Geiste vor dir hersagst, kannst du nach einiger Übung auf diese Weise schnell zwei gleiche Karten finden.

3. Zuerst lässt du dies jedoch einen Zuschauer einmal probieren. Du kündigst an: *„Ich werde nun einen von Ihnen bitten ‚Zauberhaftes Memory' mit mir zu spielen"*. Der Zuschauer soll zwei der Kärtchen umdrehen und dabei versuchen ein Paar zu finden. Es ist sehr unwahrscheinlich, dass ihm das gelingt.

Wenn er es zufällig doch schafft, sagst du: *„Da haben Sie aber wirklich Glück gehabt, das passiert sehr selten. Versuchen Sie es gleich noch einmal."* Hat der Zuschauer beim zweiten Mal wieder Glück, packst du deinen Zauberkoffer und gehst ... Nein, das war natürlich Quatsch, aber wir können dir versichern, dass das wirklich nie vorkommt.

4. Du nimmst nun selbst irgendeine Karte auf und sagst zum Zuschauer: *„Ich nehme eine beliebige Karte und lege sie hier verdeckt vor mich auf den Tisch. Ich weiß nicht, welche es ist, und Sie auch nicht. Trotzdem sollen Sie nun versuchen die zu meiner Karte passende zweite Karte zu finden. Entscheiden Sie sich für irgendeine, von der Sie meinen, es könnte die richtige sein, und legen Sie sie ebenfalls verdeckt vor sich hin."* Jetzt habt ihr, du und der Zuschauer, jeweils eine Karte verdeckt vor euch auf dem Tisch liegen.

5. Nun gibt es zwei Möglichkeiten, von denen eine allerdings ziemlich unwahrscheinlich ist. Der Zuschauer könnte nämlich zufällig auf Anhieb wirklich die passende Karte erwischt haben. Dir ist hoffentlich schon klar, wie du das herausbekommst? Richtig, mit unserem Vier-Wörter-Spruch. Die Karte, die du selbst nimmst, entspricht ja einem Buchstaben unseres Spruches, den du in Gedanken vor dir hersagst, und die Karte, die der Zuschauer auswählt, ebenfalls. Sind beide Buchstaben gleich, hat der Zuschauer tatsächlich zufällig die richtige Karte gefunden und das ist für unseren Trick gar nicht gut. In diesem Fall also und wirklich nur dann sagst du: *„Ich habe ja schon gesagt, dass weder Sie noch ich wussten, welche Karte wo liegt. Lassen Sie uns einmal nachschauen, für welche Karte Sie sich entschieden haben."* Lasse den Zuschauer seine Karte umdrehen. *„Es ist* (beispielsweise) *eine Maus. Auf meiner Karte, die ich vorher schon genommen hatte, ist …* (dabei drehst du die Karte langsam um) *… auch eine Maus! Ich glaube, Sie können auch zaubern."*

Du beglückwünschst den Zuschauer zu seinem Erfolg und sagst: *„Weil es so gut geklappt hat, probieren wir es gleich noch einmal, und zwar gleich mit mehreren Karten."*

6. Dann beginnst du noch einmal von vorne, nur dass nun schon zwei Karten aus den vier Reihen fehlen.

7. Aber, wie gesagt, die Chance, dass der Zuschauer zufällig die richtige Karte erwischt, ist ziemlich gering. Normalerweise hat er eine andere Karte als du gewählt und dann tritt unsere zweite Methode *„x-plus-eins"* in Aktion. X-plus-eins bedeutet nämlich nur, dass du als zweite Karte diejenige nehmen musst, die dem Buchstaben der Karte entspricht, die der Zuschauer gerade als erste Karte genommen hat. Das heißt, dass du das Gegenstück der Karte nimmst, die der Zuschauer vor sich liegen hat und auf deine erste Karte legst. Sieh dir *Zeichnung 1* auf Seite 28 an: Du hast zum Beispiel als Erstes eine „T"-Karte genommen, der Zuschauer ein „N".
Im nächsten Schritt *(Zeichnung 2)* nimmst du das andere „N".

8. Nun nimmt der Zuschauer wieder eine Karte (in *Zeichnung 3* zum Beispiel das „E") und du musst wieder aufpassen, welcher Buchstabe dazugehört, denn du musst anschließend die zweite Karte nehmen, die den gleichen Buchstaben hat (in *Zeichnung 4* das andere „E").

Tricks mit Spielen

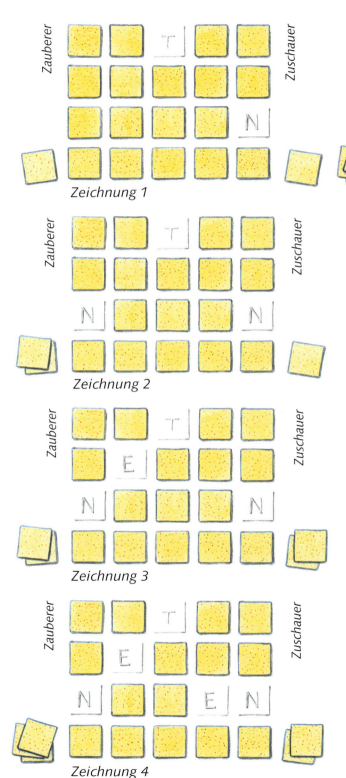

Zeichnung 1

Zeichnung 2

Zeichnung 3

Zeichnung 4

Zeichnung 5

9. Dieses Spiel geht nun munter so weiter, bis … ja, bis entweder alle Karten zwischen dir und dem Zuschauer aufgeteilt sind oder der Zuschauer das Gegenstück der Karte nimmt, die du als erste genommen hast. (In unserem Beispiel in *Zeichnung 5* nimmt der Zuschauer also das zweite „T".) Danach kannst du nicht mehr die andere Karte mit dem gleichen Buchstaben nehmen – denn die liegt ja schon zuunterst in deinem Stapel.

Das kann schon nach ein paar Karten der Fall sein. Dann sagst du sofort, als ob du sowieso vorgehabt hättest, an dieser Stelle Schluss zu machen: *„Damit es nicht zu lange dauert, wollen wir an dieser Stelle mal aufhören."*

10. Auf jeden Fall habt ihr nun beide einen mehr oder weniger großen Kartenstapel mit gleichen Karten vor euch liegen, nur dass die Karten in den beiden Stapeln nicht gleich liegen. Die Karte, die beim Zuschauer zum Beispiel unten liegt (in *Zeichnung 6* unten die

Nase) liegt in deinem Stapel an zweiter Stelle von unten. Die Karte, die beim Zuschauer an zweiter Stelle von unten liegt (das Eis), liegt in deinem Stapel an dritter Stelle von unten und so weiter. Dafür liegt die Karte, die in deinem Stapel als unterste liegt (der Turm) im Stapel des Zuschauers ganz oben.

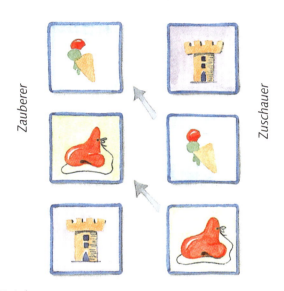

Zeichnung 6

11. Bevor du nun zeigen kannst, dass die Karten in beiden Stapeln gleich liegen (was sie ja im Moment noch nicht tun), musst du die unterste Karte deines Stapels nach oben bringen. Du kannst jetzt natürlich nicht einfach die Karte nehmen und oben auf dein Päckchen legen, sondern du musst den mitspielenden Zuschauer und auch die anderen Zuschauer so ablenken, dass sie nicht sehen, was du tust. Und das machst du am besten so:

12. Du ergreifst den Kartenstapel, der vor dir liegt, so mit deiner rechten Hand von oben, dass deine Finger zu den Zuschauern zeigen, der Daumen zu dir *(Zeichnung 7)*. Durch diese Handhaltung sehen die Zuschauer so gut wie nichts mehr von den Karten.

13. Nun gehst du mit deiner linken Hand zu dem Kartenstapel *(Zeichnung 8)*, ziehst die *unterste* Karte unter dem Stapel hervor und legst sie in einer Bewegung mit der Bildseite nach oben auf den Tisch.
Gleichzeitig sagst du aber: *„Wir nehmen nun beide die oberste Karte unseres Stapels und legen sie offen auf den Tisch."* Das ist natürlich eine glatte Lüge, denn du nimmst ja gar nicht die oberste, sondern die unterste Karte.

Zeichnung 7

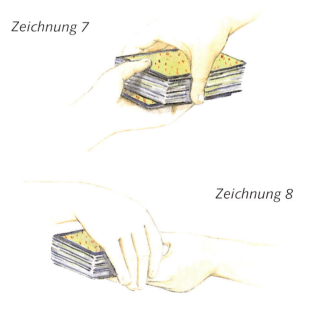

Zeichnung 8

Tricks mit Spielen

Aber dadurch, dass die Zuschauer die Karten nicht richtig sehen können und du auch noch sagst, was du (angeblich) tust, wird niemand diesen Kunstgriff bemerken. Außerdem weiß ja auch keiner der Zuschauer, dass gerade in diesem Moment des Kunststücks etwas passiert, was sie auf keinen Fall sehen sollen.
Das bedeutet aber auch, dass du diese ganze Bewegung ausführen musst, als wäre sie völlig nebensächlich. Am besten schaust du dabei nicht auf deine Hand, denn das Publikum schaut immer dorthin, wo auch der Zauberer hinschaut.

13. Liegt deine erste Karte erst einmal auf dem Tisch, ist für dich alles gelaufen. Der Zuschauer dreht seine Karte ebenfalls um und sieht, dass die beiden Karten übereinstimmen.

14. Du sagst: *„Das ist ja wirklich erstaunlich: Sie haben genau die Karte genommen, die zu der Karte passt, die ich vorher genommen hatte. Lassen Sie uns einmal nachsehen, wie es mit den nächsten Karten aussieht."* Wenn du dabei so tust, als ob du selbst darüber staunst, dass es geklappt hat, wirkt es auf die Zuschauer noch besser.
Jetzt drehst du die nächste Karte um, also die, die nun oben auf deinem Stapel liegt, und der Zuschauer nimmt seine oberste Karte. Wieder stimmen beide Karten überein. Bei allen weiteren Karten kannst du alles ruhig etwas schneller machen, denn die Zuschauer wissen ja nun schon, was kommt, und sind deshalb auch nicht mehr so überrascht.

15. Liegen alle Karten offen auf dem Tisch, beglückwünschst du den Zuschauer: *„Sie können ja fast noch besser zaubern als ich: Alle Karten stimmen. Also das ist schon einen kräftigen Applaus unseres Publikums wert."*

TIPP

Vielleicht kommt dir der ganze Trick mit zwei Geheimnissen beziehungsweise Trickmethoden beim Lesen etwas kompliziert vor. Wenn du es aber einmal mit den Memorykarten in der Hand probierst, wirst du merken, dass es gar nicht so schwierig ist. Auch das Hervorholen der untersten Karte ist nicht schwierig.
Wenn zu Beginn des Tricks zuerst der Zuschauer eine Karte nehmen würde und dann erst du die zweite, könnten wir ganz auf den x-plus-eins Kunstgriff verzichten, denn dann lägen die Karten des Zuschauers und deine ja wirklich in der gleichen Reihenfolge. Aber das Kunststück wäre nicht mehr so überzeugend, denn die Zuschauer könnten vermuten, dass du die jeweils richtige Karte an der Rückseite erkannt hast.

Farben fühlen

Effekt und Geheimnis
Bei dem folgenden Kunststück besteht der Effekt darin, dass du hinter deinem Rücken oder mit verbundenen Augen die Farbe eines Bausteines „erfühlen" kannst. Der Trick dabei ist, dass du eine geheime Zaubertechnik anwendest, die wir dir jetzt erst erklären, bevor wir den Ablauf des Kunststücks beschreiben:

Palmieren
Das *Palmieren* ist eine ganz wichtige Technik der Zauberkunst. Palmieren ist wieder so ein spezielles Wort, das nur Zauberer benutzen. In der englischen Sprache ist „palm" das Wort für Handfläche. Palmieren hat also etwas mit den Händen zu tun und bedeutet einfach: etwas in der Hand verbergen, was die Zuschauer nicht sehen dürfen. Die Zuschauer dürfen noch nicht einmal ahnen, dass überhaupt etwas in der Hand versteckt ist.

Man kann eigentlich alles palmieren, was kleiner ist als die Hand selbst: Geldstücke, Bonbons, Bausteine und so weiter. Erwachsene Zauberer, deren Hände ja größer sind als Kinderhände, können sogar eine oder mehrere Spielkarten palmieren.
Aber wir fangen erst einmal mit einem Baustein an. Nimm zum Beispiel mal einen Stein so in deine Hand, wie das auf der Zeichnung zu sehen ist, und lasse die Hand einfach ganz locker am Körper herunterhängen. Die erste Zeichnung zeigt die Hand von hinten, damit du überhaupt etwas erkennen kannst. Wie du siehst, wird die Hand nicht ganz geschlossen gehalten, denn die Zuschauer wissen sofort, wenn sie eine geschlossene Hand sehen, dass etwas darin ist. In der zweiten Abbildung siehst du, wie die Hand mit dem Stein von vorne, also aus der Sicht der Zuschauer, aussieht, nämlich wie eine leere Hand. Man sieht ihr nicht an, dass sie etwas hält.
Du musst aber darauf achten, dass Zuschauer, die an den Seiten sitzen, nicht in die Hand hineinsehen können.

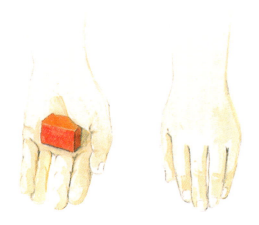

Ganz wichtig ist auch, dass du nicht auf die Hand schaust, die den Baustein hält, denn vom vorherigen Trick weißt du ja schon: Wo der Zauberer hinschaut, da schauen auch die Zuschauer

Tricks mit Spielen

hin. Wenn du also nicht willst, dass deine Zuschauer den Stein bemerken, darfst du auf gar keinen Fall selbst auf deine Hand schauen.

Wenn du einfach mal irgendeinen kleinen Gegenstand eine Zeit lang palmierst, zum Beispiel auf dem Weg zur Schule (natürlich nur, wenn du nicht mit dem Fahrrad fährst), wirst du zwei Dinge bemerken: Erstens vergisst du nach einiger Zeit schon fast selbst, dass du etwas in der Hand hältst, und zweitens denkst du nach und nach immer weniger daran, dass jemand den versteckten Gegenstand bemerken könnte.

Nun fragst du dich sicher schon die ganze Zeit, was man mit dem Palmieren denn eigentlich beim Zaubern alles anfangen kann. Man kann zum Beispiel ein Geldstück oder eben auch einen Baustein, den man heimlich palmiert hat, an jeder beliebigen Stelle erscheinen lassen.
Nehmen wir einmal an, du wolltest den Baustein an deinem Knie erscheinen lassen. Dazu gehst du mit der Hand, die ihn versteckt, so zu deinem Knie, dass noch niemand den Stein sehen kann. Erst in dem Moment, in dem die Hand das Knie berührt, schiebst du den Baustein mit dem Daumen aus der Hand heraus an deine Fingerspitzen, sodass er „erscheint" und für die Zuschauer sichtbar wird.

Du hast vielleicht auch schon mal davon gehört, dass ein Zauberer jemandem „Geld aus der Nase" gezaubert hat. Inzwischen kannst du dir sicher schon denken, wie das geht. Richtig: mit Palmieren. Genauso könnte ein Geldstück oder ein anderer kleinerer Gegenstand natürlich auch hinter dem Ohr oder in der Jackentasche eines Zuschauers erscheinen. Aber das Palmieren und Erscheinenlassen einer Münze oder eines Bausteins ist natürlich noch kein komplettes Zauberkunststück, sondern nur ein Teil davon.
Wie man das Palmieren auf spannendere Weise benutzen kann, wollen wir dir nun beschreiben.

Vorbereitung

Material
★ ca. 30 bunte Bausteine
★ durchsichtiger Plastikbeutel
★ Tuch

1. Du brauchst zu diesem Trick erst einmal etwa 30 gleich große bunte Bausteine. Diese wählst du folgendermaßen aus: Du nimmst nur normale rechteckige Steine, also keine runden oder bogenförmige, die man allein durch Befühlen schon erkennen kann. Diese ausgewählten Steine sollten verschiedenfarbig sein. Natürlich kann nicht jeder Stein eine andere Farbe haben, aber insgesamt sollten drei oder vier verschiedene Farben vorkommen. Die Steine können aus Holz oder Plastik sein. Sie sollten so klein sein, dass du einen von ihnen gut palmieren kannst. Du weißt jetzt ja, was das ist!

2. Als Zweites brauchst du einen durchsichtigen Plastikbeutel, der so groß sein muss, dass alle Steine hineinpassen. Du kannst entweder einen Beutel nehmen, den man zum Einfrieren benutzt, oder auch eine sogenannte Prospekthülle. Das sind diese durchsichtigen Hüllen mit einem gelochten Randstreifen, die die Erwachsenen benutzen, um etwas in einem Ordner aufzubewahren.

3. Als Drittes benötigst du noch ein Tuch, mit dem dir ein Zuschauer die Augen verbinden kann. Es sollte also ziemlich dicht sein, damit nicht hinterher die Zuschauer vermuten, du hättest durch das Tuch hindurch etwas gesehen. Ein Geschirrtuch oder ein Halstuch sind gut geeignet.

4. Zur Vorbereitung suchst du dir zwei verschiedenfarbige Steine aus dem Beutel heraus und merkst dir die Farben.
Bevor du das Kunststück vorführst, musst du diese zwei Bausteine in deine Hosentasche stecken (dafür musst du natürlich Hosen anhaben!), und zwar so, dass die Zuschauer es nicht sehen. Einen der beiden steckst du tief in die Tasche und den anderen klemmst du ganz oben am Rand der Tasche fest. Wichtig ist, dass du weißt, welche Farbe der Stein am Rand der Tasche hat und welche der tief unten steckende.

Tricks mit Spielen

Vorführung

1. Zu Beginn des Kunststücks zeigst du den Zuschauern den mit Bausteinen gefüllten Beutel und sagst: „*Ich habe so viel mit diesen Bausteinen gespielt, dass ich inzwischen jeden einzelnen Stein in- und auswendig kenne. Um Ihnen das zu beweisen habe ich einige davon in diesen Beutel gefüllt.*"
Bei diesen Worten gehst du zu einem der Zuschauer und sagst: „*Würden Sie die Steine im Beutel bitte einmal richtig durcheinander bringen?*"

2. Diesen Moment, in dem alle Zuschauer auf das Mischen der Bausteine achten, nutzt du dazu aus um heimlich den ersten Baustein aus der Tasche zu nehmen und in deiner Hand zu palmieren. Dazu steckst du die Hand ganz beiläufig in die Tasche, also nicht so, als ob du darin etwas suchst. Du musst natürlich auch darauf achten, dass niemand den palmierten Stein sehen kann, wenn du mit der Hand aus der Tasche kommst.
Du nimmst zuerst den oberen Baustein aus der Tasche und weißt natürlich auch, welche Farbe er hat.

3. Dann lässt du dir den Beutel zurückgeben. Du ergreifst ihn mit der Hand, die den Baustein hält, und bringst ihn hinter deinen Rücken, wo du ihn auch mit der zweiten Hand ergreifst. Während du nun mit der

Hand, die den Stein palmiert hält, in den Beutel gehst und etwas herumwühlst, um dort scheinbar wahllos einen Stein zu ergreifen, sagst du: „*Ich kann die Farbe dieser Bausteine fühlen. Dieser Stein ist zum Beispiel … rot (oder blau oder grün …).*" Dabei befühlst du den Stein, den du ja schon vorher in der Hand hattest, ganz genau und sagst erst nach einem kurzen Zögern „rot".

4. Jetzt holst du beide Hände nach vorne. In einer hältst du den Beutel, in der anderen den roten Stein. Diesen Stein zeigst du allen Zuschauern deutlich, damit sie sehen können, dass du richtig „gefühlt" hast.

5. Da du ja noch einen weiteren Stein in der Tasche hast, kannst du das Kunststück wiederholen. Um es spannender zu machen, bittest du diesmal aber einen Zuschauer oder deinen Mitzauberer, dir mit dem Tuch die Augen zu verbinden. Dabei hast du genug Zeit, den zweiten Baustein unbemerkt aus der Tasche zu nehmen. Dann wiederholst du das Farbenfühlen, wie oben beschrieben.

Der Domino-Trick

Effekt
Dieser Trick heißt Domino-Trick, weil Dominosteine dabei eine Hauptrolle spielen. Er könnte auch „Das Gedankenlesen" heißen, denn das ist der Effekt. Du liest dabei die Gedanken eines Zuschauers. Dieser legt aus Dominosteinen eine Reihe und du kannst ohne hinzuschauen sagen, welche Abbildungen oder Zahlen an Anfang und Ende dieser Reihe liegen.

Geheimnis

Du benötigst zehn Dominosteine, die du entweder selbst gebastelt hast oder aus einem gekauften Spiel sorgfältig auswählst. Bei der Auswahl oder Herstellung der Steine musst du Folgendes beachten: *Erstens* muss jedes Bild oder jede Zahl zweimal vorhanden sein, *zweitens* dürfen nie zwei gleiche Bilder oder Zahlen auf einem Stein sein und *drittens* dürfen nie zwei Steine die gleichen Bilder- oder Zahlenpaare haben. Wenn du diese Regeln beachtet hast, können die Steine zu einem Kreis gelegt werden wie auf Seite 35.

Man kann auch immer alle zehn Steine zu einer Reihe legen, egal mit welchem Stein man beginnt. Die Reihe endet dann mit dem gleichen Bild, mit dem sie auch beginnt (siehe *Zeichnung 1*). Um Komplikationen zu vermeiden ist es sinnvoll, dass wirklich jedes Bild oder Zeichen nur zweimal vorkommt, also die Steine nur auf eine einzige Art zusammengelegt werden können.

Wenn du nun dem Zuschauer die Dominosteine gibst, damit er daraus eine Reihe legt, behältst du heimlich einen Stein zurück, er bekommt also nur neun Steine. Weil alle Steine ja zusammen eine Kette bilden, fehlt dort nun dieser eine Stein und die Dominoreihe zeigt am Anfang und Ende die beiden Bilder, die auf deinem Stein zu sehen sind (siehe *Zeichnung 2*).

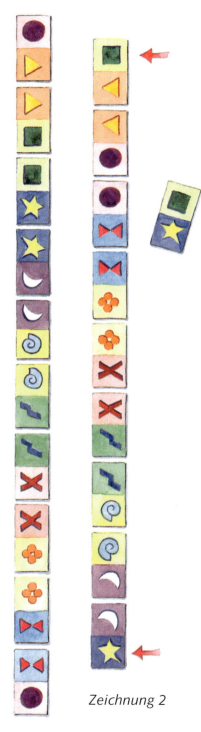

Zeichnung 2

Zeichnung 1

Probiere es einfach mal mit verschiedenen Steinen aus. Du wirst feststellen, dass es jedesmal klappt.

Vorbereitung

Material
- 10 Dominosteine
- undurchsichtiger Beutel

Du kannst normale Dominosteine mit Punkten, Farbdominos oder Bilderdominosteine aus einem Kinderspiel benutzen. Falls du keine solchen Steine hast, kannst du ganz einfach aus Pappe oder Papier selber welche herstellen.

Bastelanleitung für Dominosteine

Material
- Pappe oder Tonpapier, DIN A4
- Buntstifte
- Zwei gleiche Zeitschriften, Comichefte, Kataloge oder Ähnliches
- Klebstoff

1. Du schneidest aus der Pappe zehn Kärtchen, die 5 cm breit und 10 cm lang sind.

2. Genau in der Mitte der Kärtchen machst du einen Strich, sodass du nun zwei gleich große Hälften von 5x5 cm hast.

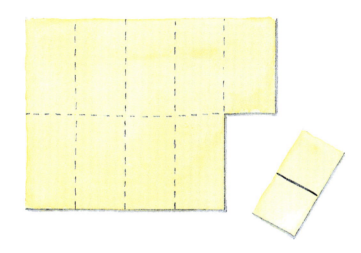

3. Aus den Zeitschriften oder anderen Drucksachen suchst du dir nun schöne Bilder aus, die ungefähr die Größe einer Kärtchenhälfte haben. Am besten ist es, wenn auf den Bildern jeweils ein Gegenstand abgebildet ist: eine Blume, eine Katze, ein Cowboy oder ein Pferd zum Beispiel. Du brauchst zehn solcher Bilder und jedes der Bilder zweimal – deshalb haben wir oben auch geschrieben „zwei gleiche Zeitschriften"… Es wird nämlich bestimmt sehr schwer sein, in einer Zeitschrift zweimal genau das gleiche Bild zu finden. Die Bilder schneidest du nun aus. Damit sie alle gleich groß werden, machst du dir am besten eine Schablone aus Pappe, die 5 x 5 cm groß ist. Die legst du dann auf die Bilder, zeichnest einen Strich um die Schablone und schneidest die Bilder dann aus.

4. Nun klebst du sie auf die Pappen, in welcher Reihenfolge und Richtung ist eigentlich egal. Denke nur daran, dass du nie zwei gleiche Bilder auf ein Kärtchen klebst und dass du nicht auf zwei Kärtchen die gleichen Paare klebst. Wenn du also ein Kärtchen mit einem Mond und einem Stern hast, dann musst du die dazu passenden Bilder auf zwei anderen Kärtchen mit anderen Bildern kombinieren, wie in der Zeichnung unten.

5. Du kannst natürlich auch, wenn du gut zeichnen oder abmalen kannst, die Dominokarten selbst bemalen. Für die Auswahl der Bilder gilt dabei das Gleiche, wie wenn du sie irgendwo ausschneidest.

Außer den Steinen benötigst du noch einen undurchsichtigen Beutel, in dem du die Steine vor der Vorführung aufbewahrst. Der Beutel ist gleichzeitig ein wichtiges Hilfsmittel um die Wiederholung des Kunststücks vorzubereiten. Zur Vorbereitung legst du den Beutel mit den Steinen auf den Tisch. Vorher hast du jedoch einen Stein herausgenommen und in deine Hosentasche gesteckt.

Vorführung

1. Du sagst: *„Nachdem ich Ihnen einiges aus meiner Zauberkiste gezeigt habe, möchte ich nun jemanden von den Zuschauern bitten, etwas von seinen Fähigkeiten zu zeigen. Zuerst eine ganz einfache Aufgabe: Mit diesen Dominosteinen* (dabei schüttelst du die Steine aus dem Beutel) *soll eine Reihe gelegt werden – wenn es geht, sollte kein Stein mehr übrig bleiben. Wie gesagt, eine ganz einfache Aufgabe. Bevor Sie jedoch anfangen, gehe ich zur Seite und schaue in eine ganz andere Richtung, weil ich nicht sehen möchte, wie die von Ihnen gelegte Reihe aussieht.* (Du gehst in eine Ecke des Raumes und wendest dich ab.) *Bitte beginnen Sie jetzt … Haben Sie alle Steine gebraucht? Sehr gut!"*

2. In der Zwischenzeit hast du in deiner Ecke heimlich den Stein aus deiner Tasche genommen und ihn dir noch einmal angeschaut.

3. Dann legst du ihn genauso heimlich in den Beutel, den du immer noch in der Hand hast. *„So, nun kommt die zweite Aufgabe: Schauen Sie sich die beiden Zeichen (Bilder, Zahlen) an den beiden Enden Ihrer Reihe an, merken Sie sich diese und konzentrieren Sie sich voll und ganz darauf. Ich werde nun versuchen von hier aus, ohne mit eigenen Augen etwas sehen zu können, sozusagen mit Ihren Augen, die beiden Zeichen zu erkennen. Ich sehe … etwas Grünes, Eckiges … ein grünes Quadrat und etwas Gelbes mit Zacken: einen Stern!"*

4. Gehe wieder zu dem Zuschauer und lasse dir von ihm bestätigen, dass alles stimmt. Dann beginnst du die Steine in den Beutel zu legen. Doch plötzlich, als sei dir etwas eingefallen, hörst du auf: *„Vielleicht glauben Sie ja, dass ich mit diesem Zuschauer unter einer Decke stecke … ein anderer Zuschauer, irgendjemand soll dieses Experiment mit mir wiederholen!"*

5. Du holst die Steine wieder aus dem Beutel, lässt dabei aber heimlich einen darin zurück! Wichtig ist nur, dass dies nicht der Gleiche ist wie beim ersten Mal. Am einfachsten geht das, indem du beim Hineinlegen der Steine in den Beutel alle Steine genau auf den schon darin liegenden legst. Nur einen schiebst du in die andere Ecke, wie in Zeichnung 1. Wenn du die Steine wieder herausholst, lässt du diesen Stein dort liegen. Noch besser sieht es aus, wenn du den Beutel an der Ecke anfasst, in die du den einzelnen Stein geschoben hast, dann diesen Stein durch den Beutel festhältst und die anderen Steine einfach herausschüttelst! *(Zeichnung 2)*.

Zeichnung 1

Zeichnung 2

6. Von da an machst du alles wie beim ersten Mal – das Verblüffende für die Zuschauer ist, dass diesmal ein anderes Ergebnis herauskommt!

TIPP

Dies ist schon das zweite Kunststück, das wiederholt wird, obwohl wir doch am Anfang gesagt hatten, dass man ein Kunststück nicht zweimal hintereinander vorführen soll. Für die meisten Tricks stimmt das auch. Aber wir wiederholen dann ein Kunststück, wenn der Zuschauer vermuten könnte, es komme bei dem Trick immer dasselbe Ergebnis heraus. Dann ist eine zweite Vorführung mit einem anderen Ergebnis für das Publikum absolut verwirrend. Dies trifft sowohl für das „Farbenfühlen" als auch für den „Domino-Trick" zu.

Tricks mit Spielen

TRICKS MIT SEILEN

Bastelanleitung Zauberseil

Material
★ ein kleines Wollknäuel

Im nächsten Kapitel beschreiben wir vier Kunststücke mit Seilen. Nur – was nimmst du denn für Seile für diese Kunststücke? Die Seile, Schnüre, Leinen und Bindfäden, die man normalerweise zu Hause finden kann, sind mit großer Wahrscheinlichkeit ungeeignet: Sie sind entweder zu leicht, verheddern sich, oder sie sind zu steif. Zauberkünstler kaufen sich in der Regel speziell angefertigtes Baumwollseil, das einerseits so dick wie eine Wäscheleine, andererseits aber trotzdem beweglich und geschmeidig ist. Solches Seil ist aber, selbst wenn du bereit wärest dein Taschengeld dafür zu opfern, nicht überall zu bekommen. Damit du nun aber trotzdem diese Kunststücke einüben kannst und gleichzeitig günstig zu Zauberseil kommst, beschreiben wir dir zuerst einmal, wie man aus einfachen Wollresten in kurzer Zeit ein Zauberseil – eigentlich genauer: eine Zauberkordel – drehen kann, das für unsere Kunststücke gut geeignet ist.

Die Zauberkordel lässt sich am einfachsten zu zweit herstellen, es geht aber auch alleine.

1. Du benötigst ein kleines Wollknäuel. Die Wolle sollte eine möglichst helle oder leuchtende Farbe haben. Die Farbe ist wichtig, damit die Zuschauer später bei der Vorführung das Seil immer gut sehen können.

2. Wir werden ein Stück Seil herstellen, das ca. 1,20 Meter lang ist. Dafür benötigst du einen Wollfaden, der ungefähr acht Mal so lang ist, also ungefähr 10 Meter (genau 9,60 Meter).

3. Dieses 10-Meter-Stück muss jetzt genau in der Mitte zusammengelegt werden, wie es auf der nächsten Seite in *Zeichnung 1* zu sehen ist. Dazu hält einer die beiden Enden fest und der andere zieht die Mitte so weit es geht. Achtet darauf, dass ihr genug Platz habt, denn es sind immerhin 5 Meter.

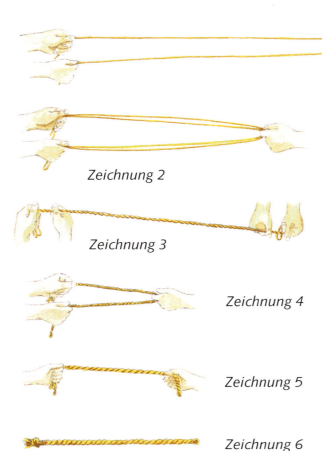

Zeichnung 1

Zeichnung 2

Zeichnung 3

Zeichnung 4

Zeichnung 5

Zeichnung 6

6. Ihr dreht so lange, bis es nicht mehr geht, ohne dass alles durcheinander zwirbelt (je länger ihr dreht, umso dichter wird hinterher das Seil!). Dann gibt einer von euch dem anderen sein Ende, sodass dieser nun beide Enden hat. Dabei verdreht sich das Seil, aber das ist nicht schlimm, denn wie schon am Anfang zieht der andere die Mitte dieses doppelt verdrehten Schnurstranges so lange, bis die beiden Schnurpakete glatt nebeneinander liegen (*Zeichnung 4*).

7. Derjenige, der die Mitte festhält, lässt nun einfach los. Die Schnüre verdrehen sich gegeneinander und bilden eine gleichmäßige Kordel. Wenn du noch ein- oder zweimal mit der Hand von oben nach unten über das so entstandene Seil fährst, wird es noch gleichmäßiger (*Zeichnung 5*).

4. Nun bekommt einer von euch die beiden Enden und die Mitte zu halten, während der andere wiederum die Mitte dieser Doppelschnur so weit wie möglich zieht (diesmal 2,50 Meter). Sieh dir dazu *Zeichnung 2* an.

5. Haltet die Schnur wie in *Zeichnung 3* zwischen euch und beginnt beide, sie an den Enden in entgegengesetzte Richtungen zu verdrehen. Dabei müsst ihr immer darauf achten, dass ihr die Wolle stramm gespannt haltet.

8. Damit unser Zauberseil sich nicht sofort wieder auflöst, machen wir an der „Doppelendenseite" noch einen Knoten hinein und schneiden dann die überstehenden Enden so kurz es geht ab *(Zeichnung 6)*. Fertig!

Falls du eine solche Kordel alleine drehen willst, nimmst du dir eine Türklinke oder einen Kleiderhaken zur Hilfe. Anstatt dass einer von euch die Mitte stramm zieht, hängst du die Schnur über den Haken oder die Klinke und entfernst dich mit den anderen Enden so weit es geht.
Versuche ruhig zwei oder drei Seile zu drehen, dann kannst du die Unterschiede beim Drehen und beim Zusammenlegen selbst herausfinden. Wenn die Wolle ganz dünn ist, kann es zum Beispiel sein, dass du die Schnüre einmal mehr zusammenlegen musst – also doppelt so viel Wolle brauchst. Übrigens lassen sich solche gedrehten Seile natürlich auch für ganz andere Dinge als für Zaubertricks benutzen.

Der Einhandknoten

Effekt
Wie du vielleicht schon erraten hast, geht es bei diesem Kunststück darum, einen Knoten in das Seil zu schlagen und dabei nur eine Hand zu benutzen.

Dieses erste Kunststück mit dem gerade fertiggestellten Seil unterscheidet sich ziemlich stark von den bisher beschriebenen Tricks. Du präsentierst nämlich kein scheinbares Wunder, sondern Fingerfertigkeit. Deshalb gibt es bei diesem und den anderen Seiltricks auch kein Geheimnis.

Ein Geheimnis ist für eine wirkungsvolle Aufführung auch nicht unbedingt nötig. Wenn ein Zauberkünstler ein Kunststück zeigt, dann gibt es in der Regel drei verschiedene Gründe, warum die Zuschauer staunen, sich wundern und schließlich applaudieren:
■ Ein Grund kann sein, dass der Zauberer etwas weiß, was die Zuschauer nicht wissen: Er kennt das Geheimnis eines Kunststücks, die Zuschauer aber nicht.
■ Es kann aber auch sein, dass er ein Requisit besitzt, das die Zuschauer nicht kennen. Er hat zum Beispiel eine Kiste, aus der er Dinge hervorzaubert, oder einen Jogurtbecher, der zusammenklappen kann. (Den Trick erklären wir dir auf Seite 75.)
■ Die letzte Möglichkeit ist, dass der Zauberer etwas kann, was die Zuschauer nicht können und wovon sie sich auch nicht vorstellen können, es zu lernen: zum Beispiel Karten aus der Luft zu fangen, ein Spiel mit nur einer Hand zu mischen oder eben mit einer Hand einen Knoten in ein Seil zu schlagen.

Tricks mit Seilen

Aber genug der langen Rede, kommen wir zum Knoten. Um dieses Kunststück überzeugend und als Zaubertrick vorzuführen musst du schon etwas üben. Doch zuerst erklären wir dir einmal ganz langsam, wie man mit einer Hand einen Knoten machen kann. Schneller werden kannst du dann nach und nach.
Wahrscheinlich beherrschst du den Trick mit der Hand am besten, mit der du auch schreibst. Du kannst ihn aber auch mit beiden Händen einüben.

Vorführung

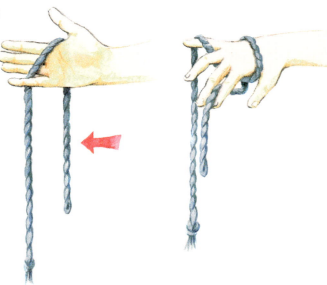

Zeichnung 1   *Zeichnung 2*

Material
★ 1 Seil

Du sagst: *„Einen Knoten mit zwei Händen in das Seil zu machen, das kann jeder. Aber was tun, wenn man nur eine Hand frei hat? In einer Zaubervorstellung ist alles möglich. Ein Knoten mit einer Hand? Bitteschön!"* Während dieser Worte hast du das Seil für den Einhandknoten über deine Hand gelegt und beim letzten Wort den Knoten in das Seil geschlagen. Und das geht so:

1. Das Seil wird über die Hand gelegt, die man so hält, als ob man jemandem die Hand geben will.
Damit die beiden Seilenden nicht direkt nebeneinander hängen, klemmt man das im Handinneren hängende Seilstück zwischen dem kleinen und dem Ringfinger fest *(Zeichnung 1)*.

2. Um den Knoten zu machen musst du nun mit den Fingerspitzen von Zeige- und Mittelfinger das nicht eingeklemmte, auf dem Handrücken herunterhängende Seilstück ergreifen (in *Zeichnung 1* mit einem Pfeil markiert) . Dazu musst du die Hand mit der Handfläche nach unten drehen *(Zeichnung 2)*.

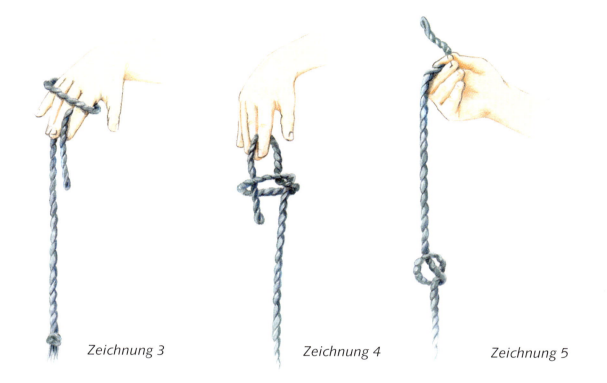

Zeichnung 3 *Zeichnung 4* *Zeichnung 5*

3. Sobald du das Seilstück festgeklemmt hast, lässt du das Stück zwischen kleinem und Ringfinger los und lässt gleichzeitig die Schlinge um deine Hand über die Finger mit dem festgeklemmten Seil nach unten rutschen *(Zeichnungen 3 und 4)*.
Es wird ein Knoten im Seil sein! Oder etwa nicht? Das ist auch nicht schlimm, denn wenn es so einfach wäre, könnte es ja jeder. Vielleicht ist dir das Seil schon vorher über die Hand gerutscht oder du konntest das Ende nicht ergreifen, weil es zu kurz war? Dann beachte Folgendes: Die Länge des hinteren Seilendes sollte so sein, dass du es gerade mit den Fingern erreichen kannst. Wenn es zu kurz ist, erwischst du es nicht. Ist es zu lang, entsteht statt eines Knotens eine Schleife.
Damit das Seil nicht zu früh herabrutscht, musst du die ganzen Bewegungen relativ schnell in einem zügigen Ablauf machen.

TIPP

Damit der Knoten fest wird und gleichzeitig deine Bewegungen nicht so genau verfolgt werden können, kannst du das ganze Knotenschlagen von einer Handbewegung begleiten, so als wenn du das Seil einmal ausschlägst. Das heißt, du gehst am Anfang, wenn du die Hand drehst, etwas nach unten, dann ruckartig nach oben und wieder nach unten. Es scheint so, als ob du das Seil wie eine Peitsche schlägst und sich dabei ein Knoten bildet.

Zeichnung 1

Zeichnung 2

Der beidhändige Knoten

Das Thema Knoten bleibt uns auch beim nächsten Trick erhalten. Hinzu kommt, dass ein Zuschauer oder eine Zuschauerin mitmacht.

Effekt

1. Du zeigst deinem Publikum, dass es unmöglich ist einen Knoten zu schlagen, wenn man die beiden Seilenden eines Seils jeweils in einer Hand festhält und auch nicht loslassen darf.

2. Dann erklärst du, dass Zauberer aber so tun können, als ob sie trotzdem einen Knoten machen könnten ohne die Seilenden loszulassen. Doch der Knoten, der so entsteht, verschwindet wieder, wenn du darauf pustest.

3. Dann jedoch sagst du einen Zauberspruch und ein echter Knoten erscheint mitten auf dem Seil.

4. Zum Abschluss dieser Knoterei übergibst du das noch unverknotete Seil einem Zuschauer und bei ihm erscheint dann ebenfalls ein Knoten.

Vorbereitung (Grund-Seiltrick)

Wieder ist es etwas Fingerfertigkeit, die dieses Kunststück ermöglicht, und deshalb musst du auch wieder etwas üben.
In allen vier Teilen dieses Kunststücks wird das Seil immer auf die gleiche Art und Weise um deine Hände geschlungen. Das Ganze wirkt so ähnlich, wie man es auch von Fadenspielen mit den Fingern kennt.

Zeichnung 3

Zeichnung 4

1. In der Ausgangsposition hältst du in jeder Hand ein Seilende zwischen Daumen und Zeigefinger, die Hände wie in *Zeichnung 1* auf der vorherigen Seite halbhoch vor dir.

2. Jetzt legst du, ohne die Seilenden loszulassen, das Seil mit der rechten Hand von vorne über das linke Handgelenk *(Zeichnung 2)*.

3. Wenn du das rechte Ende jetzt langsam nach rechts unten ziehst, entstehen unterhalb des linken Unterarms zwei Öffnungen in der Seilschlaufe.

4. Mit der rechten Hand fädelst du nun das festgehaltene Seilende so durch die beiden Öffnungen hindurch, wie es der Pfeil in *Zeichnung 3* zeigt.

5. Wenn du nun die rechte und die linke Hand nebeneinander hältst und so weit auseinander ziehst, wie es geht, dann entsteht ein Seilgebilde, wie du es auf *Zeichnung 4* sehen kannst. Die Seilenden hältst du dabei immer noch, wie in der Ausgangsposition, zwischen deinen Fingern fest. Kompliziert? Versuche es noch einmal Schritt für Schritt und schau dir dabei die Bilder genau an. Auch hier gilt: Je schneller und flüssiger die Bewegungen bei der Vorstellung ablaufen, umso beeindruckter ist das Publikum. Also gut üben!

6. Um die Figur wieder aufzulösen, lässt du das Seil etwas locker, indem du die Hände ein bisschen näher zusammenbringst. Wenn du dann die Hände nach vorne senkst, rutscht das Seil über die Handgelenke nach unten und du hast wieder ein (unverknotetes) Seil, das du links und rechts festhältst. Diese Figur musst du erst einmal gut beherrschen. Dann kannst du den weiteren Trickablauf einstudieren.

Tricks mit Seilen

Vorführung

Material
★ 1 Seil

1. Du hältst das Seil in der Ausgangsposition zwischen den Fingerspitzen und erklärst dem Publikum: *„Es ist leider unmöglich jetzt einen Knoten in das Seil zu bekommen, wenn man die Seilenden nicht loslässt. Möchte das vielleicht jemand überprüfen?"* Du lässt es einen Zuschauer mit dem Seil probieren: Es geht wirklich nicht!

2. Du machst die oben beschriebene Figur des Grund-Seiltricks in das Seil (*Zeichnung 4* auf Seite 47) und sagt: *„Das sieht zwar schon sehr verknotet aus, aber* (und dabei lässt du das Seil nach unten rutschen und zeigst es knotenfrei vor) *natürlich ist es kein echter Knoten."*

3. Du erzählst nun, dass Zauberer aber so tun könnten, als ginge es doch. Dazu bildest du wieder die Figur, nur diesmal lässt du das Seil nicht nach unten rutschen.

4. Du hältst das Seil stramm gespannt und ziehst nun zuerst die linke Hand aus der Schlaufe. Du ziehst so lange, bis das Seil wieder gespannt ist. Es entsteht dabei ein leichtes Kuddelmuddel in der Nähe der rechten Hand, aber keine Sorge, das muss so sein (*Zeichnung 1*).

5. Nun ziehst du nämlich auch die rechte Hand aus der Schlaufe und ziehst sie langsam nach rechts. Dabei entsteht in der Mitte des Seils langsam, aber sicher ein knotenähnliches Gebilde. Du darfst nicht zu stramm ziehen, sonst löst sich das Gebilde sofort wieder auf. Höre also auf weiterzuziehen, sobald das Seil so aussieht, als sei ein Knoten in der Mitte (*Zeichnung 2*).

6. Dann sagst du: *„Das ist aber leider nur eine optische Täuschung!"*, pustest einmal auf den „Knoten" und ziehst das Seil ganz stramm: Der Knoten verschwindet.

Zeichnung 1

Zeichnung 2

7. *„Einmal möchte ich es noch versuchen, diesmal mit einem Zauberspruch!"* Jetzt kommt der Trick: Scheinbar machst du alles wie zuvor, aber diesmal entsteht ein echter Knoten. Dazu musst du zu der Grundfigur noch einen kleinen heimlichen Griff lernen. Du machst also wieder die erste Seilfigur (nicht das knotenähnliche Gebilde) und ziehst sie gut stramm.

Zeichnung 3

8. Du musst nun mit den Fingern der rechten Hand das Seilstück, das an der Innenfläche der rechten Hand entlangläuft, festklemmen. Gleichzeitig lässt du das Ende, das du mit rechtem Daumen und Zeigefinger festhältst, los. In *Zeichnung 3* sind die beiden Stellen genau gezeigt, diesmal aus der Sicht der Zuschauer, damit sie besser zu erkennen sind.

Zeichnung 4

9. Dann lässt du das Seil wieder, wie bei der Auflösung des Grundtricks, nach vorne über beide Handgelenke abrutschen *(Zeichnung 4)*.

Damit die Zuschauer nicht merken, dass du ein Seilende loslässt, machst du das Ganze möglichst in der Bewegung, in der du die Hände nach vorne senkst um das Seil herabrutschen zu lassen. Also: Hände hoch, dann nach vorne senken, dabei mit der rechten Hand umgreifen, Seil abrutschen lassen, die Hände auseinander ziehen – und schon hast du einen Knoten im Seil.

10. Dabei hast du einen Zauberspruch gemurmelt, *„Hokuspokus!"* oder *„Abrakadabra!"* und sagst dann *„Na also, mit dem Zauberspruch klappt es sofort! Vielleicht möchte es jemand von Ihnen damit probieren?"*

11. Nun gehst du zu einem Zuschauer und gibst ihm, nachdem du wieder die Grundfigur gemacht hast, die beiden Seilenden in die Hände: *„Diese Zauberknotengriffe sind sehr schwer, deshalb helfe ich Ihnen. Sie nehmen nun bitte die Seilenden, nicht loslassen, und sagen einen Zauberspruch!"* Wenn der Zuschauer jetzt das Seil von deinen Händen abzieht, entsteht von ganz alleine der Knoten im Seil und der Zuschauer steht mit dem verknoteten Seil da. Dafür musst du keinen neuen Griff lernen, es passiert ganz von selbst. Das Geheimnis ist einfach, dass der Knoten im Seil entsteht, wenn jemand anderes das Seil von dir übernimmt.

Tricks mit Seilen

Aus zwei mach eins!

Effekt und Geheimnis

Bei diesem Seilkunststück bedienen wir uns einer Eigenschaft unseres selbst gefertigten Seils, nämlich, dass es aus zwei zusammengedrehten Schnursträngen besteht. Der Effekt ist zwar nicht das berühmte Zerschneiden und Wiederherstellen eines Seils, aber schon so ähnlich. Für die Zuschauer sieht es nämlich so aus, als ob du aus zwei kurzen Seilen ein langes machen kannst. Dabei hast du dein Seil nur so geschickt auseinandergezupft, dass es wie zwei Seile aussieht.

Vorbereitung

Material
★ 1 selbst gemachtes Seil

1. Du legst dein Zauberseil senkrecht vor dir auf den Tisch und nimmst dann ungefähr in der Mitte des Seils mit jeder Hand einen der beiden nebeneinander liegenden Seilstränge zwischen die Finger.

2. Dann ziehst du daran ca. 20 cm mit beiden Händen in entgegengesetzter Richtung, sodass ein Kreuz von Seilsträngen entsteht *(Zeichnung 1)*.

3. Diese Seilenden verdrehen sich wieder miteinander. Du hilfst etwas nach, indem du ein paar Mal darüber streichst, damit die Seilenden gleichmäßig aussehen *(Zeichnung 2)*.

4. Wenn du nun die beiden langen und die beiden kurzen Enden jeweils übereinander legst, sieht das Ganze so aus, als lägen zwei Seile nebeneinander auf dem Tisch – allerdings mit einer Verbindung an einer Stelle *(Zeichnung 3)*.

5. Wenn die Zuschauer glauben sollen, dass es sich um zwei Seile handelt, dürfen sie natürlich diese Verbindungsstelle nicht sehen. Entweder liegt das Seil also zu Beginn außerhalb der Sicht der Zuschauer oder aber du hast es von Anfang an in der Hand. Natürlich ist deine Hand dann genau dort, wo die Verbindung ist, und verdeckt sie *(Zeichnung 4)*.
Eine dritte Möglichkeit, die wir für die raffinierteste halten, ist, dass die Zuschauer das Seil zwar immer sehen können, aber eben nicht ganz: Du legst das Seil zum Beispiel über die Stuhllehne oder den Zylinderhutrand, und zwar so, dass die beiden langen Enden für die Zuschauer sichtbar nebeneinander hängen *(Zeichnung 5)*. Wenn du das Kunststück vorführen willst, ergreifst du dann das Seil hinter der Abdeckung an der Verbindungsstelle und verbirgst diese in deiner Hand.

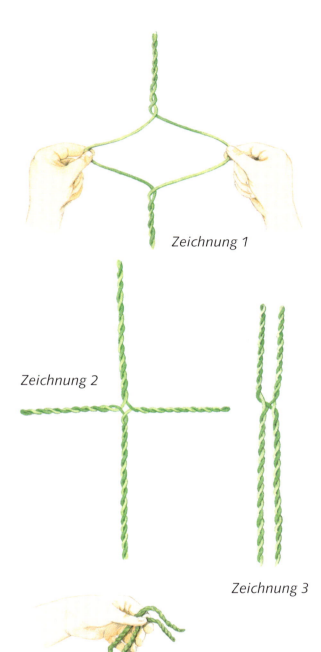

Zeichnung 1

Zeichnung 2

Zeichnung 3

Zeichnung 4

Zeichnung 5

Vorführung

Wie beim „Einhandknoten" ist bei diesem Trick die Vorführung ganz kurz, ein Blitzeffekt sozusagen.

1. Du hältst das Seil wie beschrieben in der Hand (das Geheimnis gut verdeckt!) und erklärst den Zuschauern: *„Ich werde nun ein Kunststück mit einem Seil machen …?"*

2. Scheinbar bemerkst du erst jetzt, dass es zwei Seile sind. Du guckst ganz erstaunt, doch dann pustest du einmal auf „die Seile" und sagst: *„Ich habe hier zwar zwei Seile … aber einmal pusten und … schon ist es ein einziges!"*

3. Damit aus den beiden Seilen eins wird, musst du nur kräftig an den beiden langen Enden ziehen. Dann verschwinden die beiden kurzen Enden wieder und du hast ein langes Seil wie zu Beginn. Das muss natürlich schnell gehen, damit die Zuschauer die Verbindungsstelle nicht sehen.

TIPP

Ein solcher Blitzeffekt eignet sich kaum als einzelner Programmpunkt für eine Zaubershow, aber er ist sehr gut geeignet als Einleitung zu einem anderen längeren Kunststück. Wir empfehlen dir auch wegen der unterschiedlichen Trickeffekte eine Kombination mit dem nächsten Kunststück. Also, dem Publikum zwei Seile zeigen, diese zusammenzaubern und dann …

Tricks mit Seilen

Die Ringbefreiung

Dieser Trick ist besonders wirkungsvoll, wenn du ihn nach „Aus zwei mach eins!" vorführst.

Effekt
Ein Pappring wird auf ein Seil aufgefädelt. Dem Zauberer gelingt es den Ring wieder vom Seil zu „befreien", obwohl die Zuschauer die ganze Zeit über beide Seilenden sehen können. Der Ring kann also nicht einfach wieder vom Seil abgezogen worden sein und die Verblüffung des Publikums ist entsprechend groß.

Geheimnis
Es ist wieder eine kleine Bastelei nötig, aber das Trickgeheimnis ist diesmal sooo einfach, dass wir uns kaum trauen es dir zu verraten. Du benutzt nämlich zwei Pappringe, die Zuschauer sehen jedoch immer nur einen. Am Anfang wird einer auf das Seil gefädelt, unter Deckung eines Sichtschutzes reißt du ihn einfach ab und zeigst den Zuschauern den zweiten Ring als den befreiten vor.

Du glaubst, das wäre zu dumm? Nun, etwas musst du schon noch tun, damit die Zuschauer an Zauberei glauben: Damit sie denken, dass nur ein Ring im Spiel sei, muss der zweite stets gut versteckt sein. Und wie immer versuchen wir das Versteck so zu gestalten, dass die Zuschauer es die ganze Zeit vor Augen haben und trotzdem nicht sehen: Es ist in diesem Fall der Sichtschutz, hinter dem die Befreiung stattfindet.

TIPP
Bevor du anfängst die Requisiten zusammenzusuchen und zu basteln, hier noch ein wichtiger Gedanke zum Gelingen dieses Kunststücks: Die Technik ist sehr einfach, aber zusätzlich zum Versteck des Ringes kommt noch eine Kleinigkeit hinzu, die die Zuschauer von der Lösung ablenkt: Du zeigst vorher ja einen anderen Seiltrick, bei dem du scheinbar aus zwei Seilen eins machst. Dieser zuerst gezeigte Effekt führt die Zuschauer auf die falsche Fährte. Anstatt sich über den Ring Gedanken zu machen, denken sie nun nämlich über das Seil nach – und das können sie ruhig stundenlang untersuchen.

Material
Ringe:
★ leicht zerreißbare Pappe (z.B. 2 Bierdeckel)

Paravent:
★ altes Spielbrett oder 2 feste Pappstücke, je ca. 15 x 30 cm
★ Klebeband (am besten Textilband)
★ kleingemustertes Geschenkpapier
★ kleines Stück Tonpapier

Bastelanleitung

Die Ringe:

Du schneidest zwei gleich große Ringe aus nicht zu dünner Pappe aus. Da die Ringe leicht durchzureißen sein müssen, solltest du einige Versuche machen um herauszufinden, welche Pappe geeignet ist. Wir haben gute Erfahrungen mit Bierdeckeln gemacht, die wir mit buntem Papier beklebt haben. Sie sind sehr fest, lassen sich aber leicht zerreißen und haben eine gute Größe. Beim Bekleben solltest du nur darauf achten, dass du tatsächlich zwei genau gleich aussehende Ringe herstellst.

Übrigens: Du musst natürlich jedesmal, wenn du diesen Trick aufführst, einen der Pappringe neu basteln, denn einer wird ja zerrissen.

Der Paravent:

Der Sichtschutz besteht aus zwei Pappdeckeln, die beweglich so zusammengeklebt sind, dass man sie aufstellen kann. Zauberer bezeichnen eine solche Abdeckung als *Paravent*, ein Begriff, der aus Frankreich stammt.

Als Paravent eignet sich zum Beispiel sehr gut das Spielbrett eines alten, nicht mehr benutzten Spiels. (Es lohnt sich auf dem Flohmarkt nach unvollständigen Spielen zu suchen, die dann oft nur noch Pfennige kosten.) Diese Spielbretter sind aus starker Pappe, in der Regel in der Mitte zusammenklappbar und haben ein sehr stabiles Textilband als Scharnier. Da wir den Paravent sowieso verzieren, macht es auch nichts, dass der Spielplan aufgedruckt ist. Du kannst das Spiel allerdings nachher nicht mehr spielen.

Du kannst aber den Paravent auch aus zwei Pappdeckeln selbst basteln:

1. Dazu nimmst du zwei gleich große feste Pappen, etwa 15 x 30 cm groß, und klebst sie an einer Längsseite mit Klebeband zusammen, sodass man sie an dieser Stelle zusammenklappen kann.

2. An der rechten und linken äußeren oberen Ecke schneidest du einen 2 cm tiefen und 5 mm breiten Schlitz in die Abdeckung. In diese Schlitze klemmst du bei der Vorführung das Seil ein.

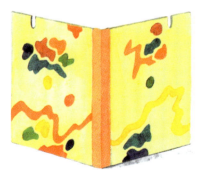

3. Die Außenseiten des Paravents kannst du nach deinem Geschmack verzieren. Die Innenseiten beklebst du mit einem kleinen und unregelmäßig gemusterten Papier, das hilft die Präparation zu verbergen.

Damit dir dieser Paravent nicht nur als Sichtschutz, sondern auch als Versteck dienen kann, muss er nun also noch präpariert werden.

4. Du schneidest dafür ein Pappviereck aus, das etwas größer ist als der Pappring, und beklebst eine Seite dieses Vierecks mit dem gleichen Papier wie den Rest der Paravent-Innenfläche.

5. Dann klebst du das Pappstück mit dem unteren Rand auf die rechte Innenseite des Paravents. Den oberen Teil biegst du etwas nach hinten und erhältst so eine Ablage.

7. Wenn du nun einen Ring in die Ablage legst und den Paravent so hältst, dass deine Hand die Ablage flach zudrückt, kannst du das Ganze kurz deinen Zuschauern zeigen, ohne dass die Präparation dabei auffällt.

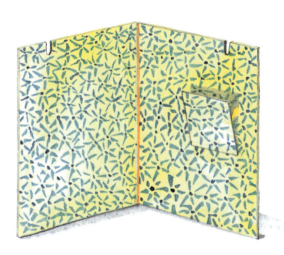

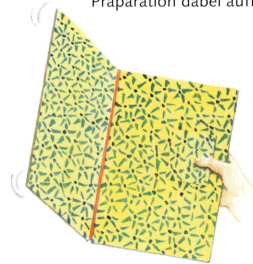

6. Damit diese Ablage etwas stabiler und an den Seiten geschlossen wird, klebst du rechts und links an die Kante jeweils einen Tonpapierstreifen von ca. 4 cm Länge, den du vorher zickzackförmig gefaltet hast.

Vorbereitung
Bevor du das Kunststück vorführst, steckst du einen der beiden Ringe in die geheime Ablage. Die so geladene Ablage und den anderen Ring legst du griffbereit auf den Tisch und das Seil hast du ja noch vom ersten Kunststück in der Hand.

Vorführung

1. Nachdem du aus zwei Seilen eins gemacht hast, gibst du jetzt das Seil und den Ring zwei Zuschauern, die beides kurz untersuchen sollen, und erklärst dabei: *„Manchmal wäre es schon ganz hilfreich, wenn man das Seil auch wieder teilen könnte. Zum Beispiel dann, wenn man einen Gegenstand vom Seil befreien möchte."*

2. Während dieser Worte hast du den geladenen Paravent ergriffen – Hand auf der Ablage! – ihn kurz umgedreht um zu zeigen, dass nichts dahinter oder darin verborgen ist, und dann auf dem leeren Tisch aufgestellt. Mache aus dem Vorzeigen auf keinen Fall etwas Besonderes, denn in den Augen der Zuschauer hat der Paravent keine besondere Bedeutung und das soll auch so bleiben.

3. Du lässt dir das Seil und den Ring zurückgeben und fädelst den Ring auf das Seil. Dann hältst du das Seil an beiden Enden hoch und bittest nochmals einen Zuschauer zu überprüfen, dass es keine „Schwachstelle" im Seil gibt. Der Zuschauer wird natürlich feststellen, dass das Seil völlig in Ordnung ist.

4. Jetzt stellst du dich hinter den Tisch, hinter den Paravent und hältst mit ausgebreiteten Armen das Seil mit dem Ring darüber.

5. Dann senkst du die Arme langsam, sodass der Ring hinter dem Paravent verschwindet, und klemmst die beiden Seilenden in die Schlitze des Paravents. Dazu erklärst du: *„Bei diesem Kunststück kommen Griffe und Geheimnisse zur Anwendung, die ich Ihnen leider nicht offen zeigen darf. Aber Sie passen bitte auf, dass alles mit rechten Dingen zugeht, und das Ergebnis werden Sie auch begutachten dürfen. Ich benötige keinen Zauberstab und kein Zaubersalz – nur meine leeren Hände. Auch im Ärmel ist nichts verborgen."*

Tricks mit Seilen

6. Du zeigst noch einmal deine Hände leer vor, krempelst sogar die Ärmel etwas hoch, damit jeder sieht, dass dort nichts verborgen ist, und gehst dann langsam mit beiden Händen hinter den Paravent.

7. Dort geschieht jetzt all das, was die Zuschauer nicht bemerken dürfen: Zuerst nimmst du den Ring aus der Ablage und legst ihn auf den Tisch, dann zerreißt du den aufgefädelten Ring an einer Stelle und steckst ihn in die Ablage. Bei diesen Vorgängen musst du darauf achten, dass sich deine Arme nicht zu sehr hin und her bewegen. Die Handlungen hinter dem Paravent sollten mehr aus dem Handgelenk erfolgen. Außerdem solltest du versuchen immer auf die Mitte des Seiles zu gucken, damit die Zuschauer nicht von deinen Augenbewegungen auf etwas Ungewöhnliches hinter der Abdeckung schließen könnten.

8. Zuletzt ergreifst du den ganzen Ring und nimmst die Hände ganz langsam wieder nach oben, sodass die Zuschauer den Ring sehen können.

9. Es ist immer schwierig sich gleichzeitig auf zwei Dinge zu konzentrieren. Deshalb redest du während dieser Handlungen nicht mit den Zuschauern, sondern murmelst nur halblaut einige unverständliche Zaubersprüche vor dich hin. Wenn du den Ring hochhältst, sagst du: *„Es hat geklappt – der Ring ist frei!"*

10. Nachdem du den Ring vorgezeigt hast, wirfst du ihn einem Zuschauer zu. Dann ergreifst du mit der rechten Hand den Paravent und schließt dabei die geheime Ablage. Du hebst den Paravent hoch und ziehst mit der linken Hand das Seil aus den Schlitzen, das du einem zweiten Zuschauer zuwirfst.
„Das Seil ist auch noch ganz, also hat das Kunststück tatsächlich geklappt! Danke schön!"
Den Paravent hast du bei diesen Worten zur Seite gelegt und gehst dann zu den Zuschauern um das Seil und den Ring wieder einzusammeln.

TRICKS MIT DER ZAUBERMAPPE

Wie wir schon weiter vorne in diesem Buch erklärt haben, können Zauberkünstler die Zuschauer mit Kunststücken täuschen, die auf den unterschiedlichsten Grundlagen beruhen. Bei den Seilkunststücken stand zum Beispiel eindeutig die Fingerfertigkeit im Vordergrund. In diesem Kapitel lernst du ein Gerät kennen, das fast von alleine zaubern kann. Zumindest nimmt es dir einen großen Teil der tricktechnischen Arbeit ab. Dass zu einer guten Vorführung mehr als nur die Technik gehört, weißt du ja bereits.

Das Gerät ist eigentlich gar kein Gerät, sondern eine flache Mappe, die wir aus Pappe oder Tonkarton herstellen. Wenn man diese Mappe öffnet, sieht man darin einen Umschlag und in diesem Umschlag erscheinen oder verschwinden Gegenstände oder sie verändern sich: Eine Karte ändert zum Beispiel die Farbe oder ein zerrissenes Foto wird wieder ganz. Dieses Gerät ist jedoch nur für flache Gegenstände geeignet: für Papierstücke, Geldscheine, Spielkarten oder Ähnliches. Größere Gegenstände kann man damit leider nicht verzaubern, aber mit den flachen ist es absolut verblüffend. Am Anfang wirst du selbst staunen, wie diese Kunststücke wirken.

Bastelanleitung Zaubermappe

Material
- 4 Stück Pappe oder Tonkarton, ca. 21 cm x 15 cm (DIN A5)
- Tonpapier
- 2 DIN-A6-Briefumschläge
- Klebstoff
- Schere

Die Briefumschläge müssen undurchsichtig sein. Gefütterte, aber auch farbige Briefumschläge, wie man sie mittlerweile in Schreibwarengeschäften auch einzeln kaufen kann, sind dafür gut geeignet.

1. Schneide aus dem Tonpapier 3 Streifen in einer Größe von 18 cm x 2 cm.

2. Lege eines der Pappstücke vor dich hin und klebe an der rechten Längsseite zwei der Tonpapierstreifen am oberen und unteren Rand fest, wie auf der Zeichnung unter **3.** zu sehen ist.

3. Den dritten Streifen klebst du an der linken Seite genau in der Mitte an.

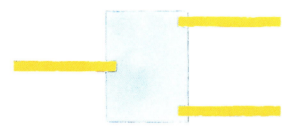

4. Nachdem die Klebestellen gut getrocknet sind, drehst du alles mit der Rückseite nach oben und faltest den zuletzt angeklebten mittleren Streifen nach rechts über das Pappstück.

5. Ein zweites Pappstück legst du jetzt wie in der Zeichnung unter die beiden rechten Streifen und klebst es dann auf dem einzelnen Streifen fest. Achte darauf, dass die beiden Pappstücke nicht zu dicht nebeneinander liegen. Es sollte etwa 2 mm Platz zwischen ihnen sein.

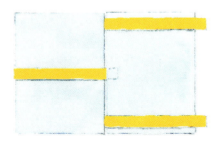

6. Du drehst das Ganze wieder herum, faltest die rechts überstehenden Enden der beiden Papierstreifen nach links über das zweite Pappstück und klebst sie dort fest.

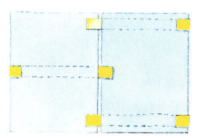

7. Die Seite, auf die du nun schaust, wird nachher die Außenseite der Mappe. Damit die Enden der Tonpapierstreifen verdeckt werden und um der Mappe etwas Stabilität zu verleihen, klebst du nun die beiden übrigen Pappstücke ganz genau auf diese Seiten auf. Das Ganze sieht dann aus wie in der folgenden Zeichnung.

Tricks mit der Zaubermappe

8. Nachdem wieder alles gut getrocknet ist, drehst du die Mappe wieder herum und faltest die rechte Seite über die linke. Dabei werden die Pappstreifen geknickt. Vor dir liegt nun die Mappe, in die du gleich nur noch die beiden Umschläge einkleben musst.

9. Vorher möchten wir dich aber schon einmal mit der Besonderheit dieser Mappe vertraut machen. Man kann sie nämlich – anders als normale Mappen – nach beiden Seiten öffnen. Versuche es einmal: Du hast gerade die rechte Seite nach links zugeklappt. Normalerweise müsste die Mappe nun nach rechts wieder geöffnet werden. Das funktioniert auch, aber du kannst sie auch nach links öffnen. Versuche einmal beide Richtungen und schaue dir die Mappe dabei genau an: Du wirst feststellen, dass sie jedesmal gleich aussieht, egal zu welcher Seite du sie öffnest. Aber es gibt eine Sache, die sich dabei verändert und die wir zum Zaubern ausnutzen wollen. Um das Geheimnis zu erkennen, öffnest du die Mappe und machst mit einem Bleistift einen kleinen Punkt auf dem mittleren Streifen. Nun schließt du die Mappe wieder und öffnest sie zur anderen Seite – der Punkt ist verschwunden. In Wirklichkeit ist er das natürlich nicht, er befindet sich jetzt – für dich im Moment nicht sichtbar – auf der Unterseite des Streifens. Wenn du die Mappe schließt und wieder zur anderen Seite öffnest, ist er wieder da – klar!

10. Nun ist das Verschwinden eines Bleistiftpunktes nicht gerade sensationell und du willst ja auch in der Lage sein, verschiedene Kunststücke mit dieser Mappe vorzuführen. Deshalb klebst du nun die Briefumschläge in die Mappe. Dabei musst du wieder sehr genau vorgehen, damit nachher niemand bemerkt, dass es zwei Umschläge sind.

11. Öffne die Mappe und lege probeweise einen Umschlag auf die Seite der Mappe mit den zwei Papierstreifen. Wenn er ungefähr mittig liegt, sollte ein deutlicher Abstand zu dem oberen und unteren Papierstreifen zu sehen sein. Dies ist wichtig, damit sich die Mappe nachher in beide Richtungen öffnen lässt.

12. Wenn er passt, klebst du den Umschlag so wie in der Zeichnung – Klappe natürlich oben – auf der anderen Mappenseite auf dem mittleren Streifen fest. Ganz wichtig: Nur auf dem Streifen, nicht an der Pappe festkleben!

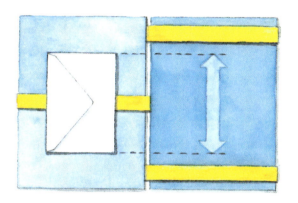

13. Nachdem der Klebstoff getrocknet ist, schließt du die Mappe und öffnest sie zur anderen Seite. Du siehst jetzt die Rückseite des Umschlags und den darüber laufenden Papierstreifen.

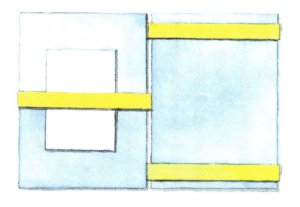

14. Den zweiten Umschlag klebst du nun auf den ersten, Klappe wieder nach oben und in die gleiche Richtung wie beim ersten. Nur diesmal klebst du ihn nicht nur auf dem Streifen fest, sondern genau an den Rändern abschließend auch auf die Rückseite des ersten Umschlags.
Wenn du die Mappe nach dem Trocknen schließt und in die beiden verschiedenen Richtungen öffnest, sollte ein Zuschauer keinen Unterschied zwischen den beiden Innenseiten erkennen können.

15. Zum Verzieren der Außenseiten der Mappe kannst du Aufkleber oder Geschenkpapier nehmen, du kannst sie aber auch einfarbig lassen. Wichtig für den Trickablauf ist nur, dass die Zuschauer Vorder- und Rückseite nicht auseinander halten können. Beide müssen gleich aussehen.

Tricks mit der Zaubermappe

16. Um aber selber die Seiten unterscheiden zu können, kannst du auf eine Seite unauffällig zum Beispiel einen Klebstofffleck oder einen kleinen Bleistiftpunkt setzen.

So, nachdem du nun diese anstrengende Bastelei hinter dich gebracht hast, willst du bestimmt endlich auch mit der Mappe zaubern. Wir erklären dir jetzt zwei kurze wirkungsvolle Kunststücke, die du sofort ausprobieren kannst, und noch ein besonders effektvolles Kunststück, das etwas mehr Vorbereitung erfordert.

TIPP

Eins ist ganz wichtig, wenn man bei Zauberkunststücken Geräte wie diese Mappe einsetzt: Wenn die Kunststücke wirklich unerklärlich sein sollen, dann darf man das Gerät, in diesem Fall also die Mappe, nur für ein einziges Kunststück verwenden. Wenn du nämlich einmal mit der Mappe ein zerrissenes Foto wieder ganz machst, ein anderes Mal einen Zettel verschwinden lässt, dann weiß auch der dümmste Zuschauer, dass nicht du, sondern die Mappe zaubert. Also probiere Einiges damit aus und entscheide dich dann irgendwann für „deinen" Mappentrick. Unser Favorit ist übrigens der Trick mit der „weggedachten" Karte.

Das Scheckheft

Vorbereitung

Material
★ Zaubermappe
★ Münze oder Geldschein
★ Papierzettel
★ Stift

Du wirst dir vielleicht schon gedacht haben, dass du in einen der Umschläge vor der Vorführung etwas hineinlegen musst, wenn dort während der Vorführung etwas erscheinen soll. In diesem Fall ist es ein Geldstück oder ein Geldschein. Du legst in einen Umschlag zum Beispiel ein Markstück oder einen Zehnmarkschein und verschließt ihn dann wieder, indem du die Klappe einsteckst. Nicht den Umschlag zukleben, sonst brauchst du beim nächsten Trick einen neuen. Achtung, die Münze kann herausfallen, wenn du die Mappe zu wild bewegst.

Du schließt also die Mappe und merkst dir, in welcher Richtung sie geöffnet werden muss, damit der Umschlag mit dem Geld beziehungsweise der leere Umschlag erscheint. Um es einfacher zu machen kannst du die Mappe auch geöffnet – leeren Umschlag nach oben – bereitlegen. Außerdem brauchst du noch Zettel und Stift.

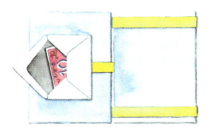   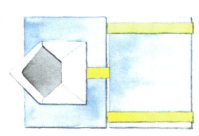

Vorführung

1. Du sagst zu deinen Zuschauern: *„Als Kind hat man einen ganz anderen Umgang mit Geld als die Erwachsenen. Als Kind bevorzugt man in erster Linie Bargeld. Alle anderen Methoden, wie Kreditkarten, Schecks und Ähnliches, sind einem doch ziemlich fremd. Damit man aber risikolos den Umgang damit erlernen kann, gibt es im Rahmen der Ausbildung zum Zauberkünstler ein neues Zahlungsmittel: den Kinderscheck – Scheck nicht Schreck!"*

2. *„Ich werde das Ganze einmal demonstrieren."* Du nimmst den Zettel und schreibst darauf einen Betrag – natürlich genau den, den du vorher in den Umschlag gesteckt hast, zum Beispiel „1 Mark". *„Dieser Zettel ist also so ein Kinderscheck und wenn ich darauf zum Beispiel 1 Mark schreibe, dann ist er genau so viel wert. Ich brauche keinen Geldautomaten, sondern nur mein Scheckheft!"*

3. Dabei holst du die Mappe hervor, öffnest den leeren Umschlag und zeigst ihn einem Zuschauer. *„Schauen Sie bitte einmal hinein und überzeugen Sie sich, dass nichts darin ist. Alles leer? Gut!"* Während der Zuschauer in den Umschlag blickt, gibst du die Mappe jedoch nicht aus den Händen. *„Würden Sie bitte den Scheck selbst in den Umschlag legen? Danke!"*

4. Du schließt erst den Umschlag und dann die Mappe. Damit den Zuschauern nicht auffällt, dass du sie anschließend zur anderen Seite hin öffnest, legst du die Mappe nun auf dem Tisch ab. Merke dir aber, welche Seite oben liegt. Dabei sagst du: *„Der Vorgang wird jetzt bearbeitet. Das dauert nur eine Sekunde."*

5. Dann öffnest du die Mappe – richtig herum also, zur anderen Seite –, ziehst die Klappe des Umschlags heraus und lässt die Mark auf den Tisch rutschen. Es hat funktioniert! Um allen Wünschen nach mehr „Geldzauberei" zuvorzukommen, sagst du zum Abschluss: *„Leider ist mein Tageshöchstbetrag auf eine Mark festgesetzt! Jetzt muss ich wieder bis morgen warten."*

Tricks mit der Zaubermappe

Das zweite Kunststück ist etwas weniger praktisch und alltäglich, aber das Thema ist dafür umso bekannter.

Der Froschkönig

Bei diesem Trick benutzt du die Mappe um einen Frosch wie im Märchen in einen Prinzen zu verwandeln.

Vorbereitung

Material
- ★ Zaubermappe
- ★ Bilder von Frosch und Prinz, die in die Umschläge passen

Natürlich brauchst du zwei gleich große Bilder, eins mit einem Frosch und eins mit einem Prinzen darauf. Wie die Bilder genau aussehen, ist nicht so wichtig. Man muss nur erkennen können, was sie darstellen sollen. Wenn du also gut malen kannst oder jemanden kennst, der gut malen kann, benutzt du selbst gemalte Bilder. Wenn nicht, schneidest du sie vielleicht aus einer Zeitschrift aus, fotokopierst sie oder paust sie aus einem Comic ab. Du kannst natürlich auch unsere Zeichnungen als Vorlage benutzen.

Dieser Trick dürfte sich eigentlich ganz von selbst erklären. Du steckst als Vorbereitung das Bild des Prinzen in den einen Umschlag und verschließt dann Umschlag und Mappe.

Vorführung

Du erzählst den Zuschauern in Kurzform das Märchen vom Froschkönig (es steht in jedem Märchenbuch der Brüder Grimm). An der Stelle im Märchen, wo der Frosch sich ins Bett legt, steckst du die Froschkarte anstatt ins Bett in den leeren Umschlag. Wenn die Nacht (Mappe zu!) vorbei ist (Mappe auf – andere Richtung!) hat sich der Frosch in einen Prinzen verwandelt.

Nach diesen zwei ganz einfachen Zaubermappenkunststücken kommt nun ein richtig schwieriges Zauberspektakel, bei dem die Zaubermappe eine wichtige Rolle spielt.

Weggedacht

Effekt
Der Zuschauer wählt aus einem Kartenstapel scheinbar zufällig eine Karte aus, die der Zauberer nicht sieht. Diese Karte lässt der Zauberer mit Hilfe der Mappe verschwinden und holt sie dann aus einem anderen Umschlag außerhalb der Mappe wieder hervor.

Geheimnis
In diesem Kunststück kommen zwei Techniken vor, von denen du eine gerade kennen gelernt hast: unsere Zaubermappe, mit der wir flache Dinge erscheinen und verschwinden lassen können. Die zweite Methode nennt man das *Kartenforcieren*. Hierbei wählt ein Zuschauer, der scheinbar frei eine beliebige Karte aus einem Spiel nimmt, in Wirklichkeit eine von dir vorher bestimmte Karte. Wie das genau geht, erklären wir dir gleich.
Damit das Kunststück noch unerklärlicher wird, haben wir diese beiden verschiedenen Techniken kombiniert.

Vorbereitung

Material
★ Zaubermappe
★ 2 gleiche Kartenspiele
★ 5 Briefumschläge

1. Aus einem Kartenspiel suchst du die Herz-Sieben, die Herz-Acht, die Herz-Neun, die Herz-Zehn und den Herz-Buben heraus.

2. Diese fünf Karten legst du in dieser Reihenfolge verdeckt oben auf das Spiel. Die oberste Karte ist die Herz-Sieben, die fünfte ist der Herz-Bube.

3. Vom zweiten Spiel suchst du die gleichen fünf Karten heraus und legst jeweils eine in einen der fünf Umschläge. Dann verschließt du die Umschläge, indem du die Laschen einsteckst.

4. Die Umschläge legst du für die Zuschauer unsichtbar in der gleichen Reihenfolge (7-8-9-10-Bube) auf den Stuhl (oder in deine Zauberkiste oder den Zauberkoffer), und zwar so, dass sie leicht aufgefächert sind. Im oberen Umschlag ist wieder die Herz-Sieben, im untersten der Herz-Bube. Merke dir diese Reihenfolge genau.

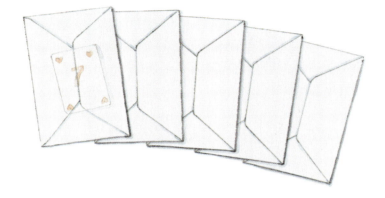

Vorführung

1. Du sagst: „*Mit Hilfe meiner Gedankenkraft werde ich versuchen eine Karte verschwinden zu lassen, deren Wert nur ein Zuschauer kennt. Um Sie, liebe Zuschauer, vor meinen Gedanken zu schützen, soll das Ganze innerhalb dieses geschlossenen Umschlags stattfinden.*" Dabei zeigst du die Mappe und den leeren Umschlag vor.

2. Jetzt kommen wir zum oben angekündigten Kartenforcieren. Dazu nimmst du das Kartenspiel, auf dem oben die fünf Herzkarten in der Reihenfolge 7-8-9-10-Bube liegen, legst es auf deine rechte Hand und gehst zu einem Zuschauer, der an der rechten Seite sitzt *(Zeichnung 1)*.

5. Jetzt nimmst du vier beliebige Karten von diesem zweiten Spiel und steckst sie mit der Rückseite nach oben in einen der beiden Umschläge in der Zaubermappe.

3. Du sagst zu ihm: „*Heben Sie bitte das Spiel ungefähr in der Mitte ab und legen Sie die abgehobenen Karten auf meine Hand.*" Dabei hältst du ihm deine linke Hand mit der Handfläche nach oben entgegen *(Zeichnung 2)*.

6. Du schließt Umschlag und Mappe und legst sie so bereit, dass du bei der Vorführung die Seite mit dem leeren Umschlag öffnen kannst. Der Rest des zweiten Spiels wird nicht mehr benötigt.

4. Nachdem er das getan hat, bedankst du dich und wendest dich nach links zu einem anderen Zuschauer. Auf dem Weg dorthin legst du die rechts gehaltenen Karten mit dem Gesicht nach unten auf die in deiner linken Hand, und zwar so, dass die beiden Spielhälften über Kreuz liegen *(Zeichnung 3)*.

Zeichnung 1

Zeichnung 2

Zeichnung 3

Zeichnung 4

5. Dieser Zuschauer soll nun eine Karte auswählen. Dazu nimmst du das oben liegende Päckchen weg und legst es auf den Tisch oder Stuhl *(Zeichnung 4)*. Die Zuschauer denken, dass in dem Päckchen in der Hand nun die Karten oben liegen, bei denen abgehoben wurde. In Wirklichkeit sind es aber die fünf Herzkarten, die vorher oben auf dem Spiel lagen.

6. Du nimmst dann diese fünf Karten ohne sie durcheinander zu bringen vom Päckchen – das legst du beiseite zu dem anderen Packen – und lässt den Zuschauer eine der fünf Karten ziehen. Dabei hältst du die Karten so, dass weder du noch der Zuschauer in die Karten sehen können (siehe *Zeichnung 5* auf Seite 68). Du sagst: *„Nachdem ein Zuschauer diese Stelle im Spiel* bestimmt hat, möchte ich nun Sie bitten sich für eine einzige Karte zu entscheiden. Ich nehme einige Karten von dieser Stelle (tatsächlich genau fünf!) und Sie nehmen bitte eine davon! Danke!" Da die Karten sortiert sind, weißt du sofort, welche Karte er gewählt hat, aber du sagst natürlich nichts.

Zeichnung 5

7. „Merken Sie sich bitte die Karte und stecken Sie sie dann wieder zu den restlichen vier Karten." Du mischst die fünf Karten nun etwas und legst sie dann ganz langsam und deutlich mit der Rückseite nach oben in den leeren Umschlag deiner Zaubermappe.

8. Der Umschlag und die Mappe werden geschlossen. Dazu sagst du: „Diese Karten werden jetzt hier sicher verschlossen und nun werde ich das Experiment wagen!" Du hältst die Mappe mit ausgestreckten Armen vor dich. „Ich kenne Ihre Karte nicht, aber ich werde nun versuchen dank meiner zauberhaften Gedankenkraft eine Karte aus diesem Umschlag verschwinden zu lassen, und zwar genau Ihre! Denken Sie bitte fest an Ihre Karte!"

9. Nach einiger Konzentration öffnest du erst die Mappe (andersherum natürlich), dann den Umschlag und nimmst ganz langsam die Karten heraus (es sind die beliebig ausgewählten, die du vor der Vorführung hineingetan hast). Alle sollen sehen, dass der Umschlag ansonsten leer ist.

10. Du legst die Mappe in den Koffer (oder auf den Stuhl), gibst die Karten dem Zuschauer und bittest ihn, sie mit der Rückseite nach oben zu zählen: Es sind nur vier, eine fehlt!

11. Du sagst: „*Eine Karte ist verschwunden – so weit, so gut! Schauen Sie nun nach, ob Ihre Karte noch dabei ist. Aber sagen Sie bitte nicht, welche Karte Sie hatten!* … (Natürlich ist die Karte nicht dabei, denn es handelt sich ja um vier ganz andere Karten.) *Nein, sie ist nicht mehr im Päckchen! Das Kunststück hat geklappt.*"

12. „*Hervorragend! Wir sind ein perfektes Team. Aber natürlich verschwindet eine Karte nicht einfach irgendwohin.*" Du nimmst jetzt den Umschlag von den fünf vorbereiteten vom Stuhl, in dem sich die gleiche Karte befindet, wie die, die der Zuschauer gezogen hat. Du öffnest den Umschlag und holst die Karte mit der Rückseite zum Publikum heraus. Es versteht sich natürlich von selbst, dass die Zuschauer von der Existenz der anderen Umschläge nichts wissen dürfen.

13. „*Tatsächlich ist Ihre Karte hier in meinen Umschlag gewandert. In dem kommen alle Dinge an, die ich verschwinden lasse. Würden Sie bitte jetzt mir und den Zuschauern verraten, welche Karte Sie gewählt hatten?*"

14. Zum ersten Mal während dieses Kunststücks sagt der Zuschauer nun, wie seine Karte heißt. Erst dann drehst du die Karte aus dem Umschlag um und hältst sie hoch, sodass alle sie sehen können. „*Ich muss gestehen, dass ich an dieser Stelle selbst immer wieder staune, aber es hat geklappt!*" Dann verbeugst du dich und bedankst dich damit für den hoffentlich kräftigen Applaus.

TIPP

Wenn du ohne Zaubermappe einen reinen Kartentrick präsentieren willst, kannst du diesen Trick bis zu Schritt 7 vorführen. Anstatt die fünf Karten in die Mappe zu legen, findest du dann einfach aus ihnen die Karte heraus, die der Zuschauer ausgewählt hat. Welche dies ist, weißt du ja durch das Karten forcieren.

Tricks mit der Zaubermappe

TRICKS MIT JOGURT-BECHERN

Dieses und die nächsten Kunststücke sind wieder Beispiele dafür, dass man auch mit ganz normalen Alltagsgegenständen zaubern kann, wenn – ja wenn man sie ein bisschen präpariert.
In alten Zauberbüchern gab es viele Tricks, für die man zum Beispiel eine Zigarrenkiste brauchte. Früher gab es in fast jedem Haushalt Zigarrenkisten. Man benutzte sie, wenn sie leer waren, um kleine Dinge darin zu verstauen. Heute sind sie gar nicht mehr so leicht zu bekommen.
Ein Gegenstand, der heutzutage dagegen fast überall zu finden ist und nach dem Gebrauch weggeworfen wird, weil er nutzlos scheint, ist der Jogurtbecher. Um ihn kreisen die drei nächsten Kunststücke.

Der schwere Jogurtbecher

Effekt und Geheimnis

Der Zauberer lässt von verschiedenen Zuschauern einen Jogurtbecher anheben. Der Becher erscheint den Zuschauern mal schwer und mal leicht. Das Geheimnis: Der Becher ist so präpariert, dass du ihn mit Hilfe deines Daumens leichter oder schwerer machen kannst.

Vorbereitung/Präparation

Material
★ 1 Jogurtbecher (250 g)
★ Bleistift
★ Nagelschere
★ Klebstoff
★ Untertasse oder Brettchen
★ Tuch

Präparation:
1. Zuerst holst du dir einen möglichst leckeren Jogurt aus dem Kühlschrank und öffnest den Deckel so vorsichtig, dass er ganz bleibt.

2. Als Zweites isst du den Jogurt und spülst anschließend Becher und Deckel und trocknest beides ab. Wahrscheinlich wird sich deine Mutter jetzt wundern, dass du freiwillig etwas abspülst. Oder musst du etwa nicht mehr in der Küche helfen, weil ihr eine Spülmaschine zu Hause habt? Na ja, wie auch immer, auf jeden Fall musst du als Nächstes den Deckel wieder glätten, sodass er wie neu aussieht. Er wird nachher nämlich wieder auf den Becher geklebt.

3. Das Glätten geht am besten, wenn du den Deckel auf den Tisch legst, einen Bleistift fest (aber auch nicht zu fest) darauf presst und den Deckel darunter herziehst. Das musst du eventuell einige Male wiederholen, bis der Deckel wirklich wie neu aussieht. Sollte der Deckel dabei kaputtgehen, holst du dir einen anderen möglichst leckeren Jogurt aus dem Kühlschrank und öffnest den Deckel so vorsichtig, dass er ganz bleibt …

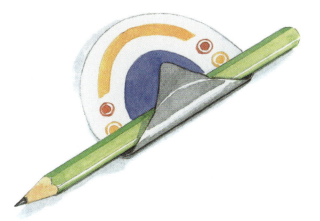

5. Nun kannst du den Deckel wieder auf den Becher kleben. Am besten legst du dazu den Deckel verkehrt herum, also mit der Oberseite nach unten, auf den Tisch, auf den du vorher ein Stück Zeitungspapier oder etwas Ähnliches gelegt hast.

4. Den geglätteten Deckel legst du nun erst einmal beiseite und schneidest vorsichtig mit einer Nagelschere ein Loch in den Becher, wie dies die Zeichnung zeigt. Die Ränder solltest du ziemlich glatt schneiden, damit du dich später bei der Vorführung des Tricks nicht daran verletzt, denn in das Loch steckst du gleich deinen Daumen.

6. Dann bestreichst du den Rand des Bechers mit Klebstoff und stülpst den Becher genau auf den Deckel.

7. Du drehst den Becher mit dem darauf klebenden Deckel wieder herum und wischst vorsichtig den Klebstoff, der jetzt unter dem Deckel hervorquillt, mit einem Lappen ab.

8. Dann lässt du das Ganze erst einmal ein paar Minuten trocknen. Wenn du alles richtig gemacht hast, sieht der Becher nun wieder wie ein ganz normal gefüllter Jogurtbecher aus – zumindest von der Seite, auf der kein Loch ist.

Und so funktioniert der Trick:
Damit die Zuschauer das Geheimnis nicht sehen, brauchst du für das Kunststück noch ein Brettchen oder eine Untertasse und ein Tuch, das undurchsichtig ist und so groß, dass Becher und Brett gerade verdeckt sind.

1. Du stellst den Becher mit dem Loch zu dir auf das Brett und verdeckst ihn mit dem Tuch.

2. Wenn du willst, dass der Becher schwer wird, presst du einfach unter dem Tuch deinen Daumen durch das Loch auf den Boden des Bechers. Du kannst aber auch nur so fest drücken, dass der Zuschauer den Becher ein wenig anheben kann. Soll der Becher anschließend ganz leicht sein, nimmst du den Daumen einfach wieder ganz aus der Öffnung in der Becherwand heraus.

Vorführung

1. Du zeigst den verschlossenen Jogurtbecher (Loch zu dir gedreht) und sagst: „*Viele Menschen haben große Schwierigkeiten Gewichte zu schätzen. Nehmen Sie zum Beispiel diesen Becher: Manche Leute sagen, er wöge ein Kilogramm, andere sagen, er wöge nur 100 Gramm. Wer von Ihnen weiß, wie viel er wirklich wiegt?*" Sofort beantwortest du die Frage selbst: „*Die Frage war natürlich sehr einfach, denn es steht ja drauf … hier steht es: Inhalt*

250 Gramm. Der Becher selbst wiegt ja nur ein paar Gramm." „Aber dem einen können 250 Gramm sehr schwer vorkommen, dem anderen sehr leicht, je nachdem, wie ich es will. Wir machen mal einen Versuch."

2. Du stellst den Becher auf die Untertasse oder das Brettchen, deckst ein Tuch darüber, steckst deinen Daumen in das Loch und gehst zu einem Zuschauer. Dabei sagst du: *„Stellen Sie sich vor, Sie müssten eine Dose anheben, die voll von schweren Eisenstücken oder Steinen ist. Damit Ihnen das leichter fällt, decke ich ein Tuch über den Becher. Stellen Sie sich also nun vor, der Becher sei ganz schwer, sie könnten ihn kaum anheben ... So, versuchen Sie es mal ... und?"* Der Zuschauer versucht den Becher hochzuheben und muss bestätigen, dass er wirklich sehr schwer ist, denn du drückst dabei kräftig mit dem Daumen auf die Untertasse.

3. Nun gehst du zu einem anderen Zuschauer und bittest diesen: *„Und Sie stellen sich nun bitte vor, der Becher sei leer, nur mit Luft gefüllt."* Der Zuschauer hebt den Becher an und stellt fest, dass er nun ganz leicht ist. Diesmal ziehst du den Daumen natürlich aus dem Becher heraus.

4. *„Aber in Wirklichkeit",* sagst du und ziehst dabei das Tuch vom Becher, *„war beides, was meine beiden Helfer gespürt haben, eine Illusion. Dies ist natürlich ein ganz normaler Jogurtbecher, dessen Inhalt ich nach meiner Vorstellung ganz alleine verspeisen werde."* Mit diesen Worten stellst du Becher, Tuch und Untertasse schnell beiseite, so als ob du verhindern willst, dass jemand anders dir den Jogurt vor der Nase wegisst.

TIPP

Bei diesem Kunststück ist wichtig, wen du als Helfer auswählst. Am besten nimmst du einen Erwachsenen, von dem du weißt, dass er nicht unbedingt und mit allen Mitteln herausbekommen will, wie du deine Tricks machst. Du hast vielleicht schon am eigenen Leib erfahren, dass es sehr unterschiedliche Zuschauer gibt. Die einen freuen sich über jeden Trick, die anderen ärgern sich, dass sie nicht wissen, wie er geht. So einen Zuschauer, wie wir ihn zuletzt beschrieben haben, solltest du für diesen Trick auf keinen Fall auswählen, damit er nicht plötzlich versucht dir den Becher von der Untertasse zu reißen.
Die Gefahr, dass so etwas passiert, ist sogar noch größer, wenn du dieses Kunststück vor Gleichaltrigen vorführst.

Ein Trick für Zwischendurch

Du kennst ja inzwischen schon die alte Zauberregel, dass man einen Trick normalerweise vor ein und demselben Publikum nur einmal vorführen soll. Für die Art von Kunststück, die wir dir nun beschreiben wollen, trifft das allerdings nicht zu. Es handelt sich um einen sogenannten *Running Gag,* das ist ein englischer Ausdruck. Ein Gag ist ein Witz oder ein witziger Einfall. Und „running" heißt einfach „laufend". Nun ist kein Gag gemeint, der laufen kann, sondern einer, den man laufend wiederholt und der gerade dadurch, dass man ihn laufend wiederholt, besonders lustig wirkt.

Unser Running Gag ist ein kleiner Zaubertrick, den du zwischen den einzelnen Kunststücken deines Zauberprogramms immer wieder vorführen kannst. Jedesmal werden die Zuschauer etwas mehr staunen.

Effekt und Geheimnis

Du tust so, als ob du ein Kunststück mit einer Dose oder Kiste vorführen willst. Aber immer wenn du in die Dose greifst, findest du darin zu deiner Überraschung einen Jogurtbecher, der dich beim Zaubern stört. Die Zuschauer finden das lustig und sind gleichzeitig verblüfft, weil eigentlich nur ein Becher in die Dose passen dürfte.

Das Geheimnis: Die Becher sind so präpariert, dass sie sich zusammenklappen lassen.

Vorbereitung/Präparation

Material
- mehrere Jogurtbecher (250 g)
- Schere
- Klebstoff
- 1 Dose oder Kiste

1. Du brauchst natürlich so viele Jogurtbecher, wie du während deines Programms erscheinen lassen willst.

2. Zu Beginn musst du die Deckel so vorsichtig von dem Becher ablösen, dass sie ganz bleiben. Sie werden zum Schluss der Vorbereitung glatt gestrichen und wieder auf die Öffnungen der Becher geklebt. Wie das genau vor sich geht, kannst du in dem Trick „Der schwere Joghurtbecher" auf Seite 72 nachlesen.

3. Aber zuvor musst du eine Schere nehmen und alle Becher in drei etwa gleich hohe Teile zerlegen.

Tricks mit Jogurtbechern

4. Stellst du nun den Bodenteil eines Bechers in den nächst größeren und beide zusammen in den größten Teil, sieht es so aus wie in der Zeichnung.

5. Jetzt musst du nur noch den glatt gestrichenen Deckel wieder auf den Becher kleben.

Hebst du nun einen solchen Becher am oberen Rand hoch, „entfaltet" er sich fast wieder zu seiner ganzen Größe und sieht recht normal aus. Man kann ihn natürlich nicht auf dem Tisch abstellen, denn dann würde er ja wieder in sich zusammensinken. Deshalb musst du ihn im Zauberkoffer (oder an einem anderen Ort, wo die Zuschauer ihn nicht sehen können) abstellen.
Auf die soeben beschriebene Weise musst du alle Becher präparieren, die du erscheinen lassen willst.

Dass die erscheinenden Becher nicht ganz so groß sind wie ihre normalen „Kollegen", wird keinem deiner Zuschauer auffallen, weil du die Becher ja nicht deutlich zeigst, sondern sie nur aus der Dose holst und gleich, weil sie dich ja angeblich beim Zeigen deines Tricks gestört haben, wieder wegstellst. Sie sind also immer in Bewegung. Deshalb wird auch niemand bemerken, dass der Aufdruck auf den Bechern vielleicht nicht so ganz stimmt. Außerdem kannst du zur Sicherheit die Becher so halten, dass deine Hand einen Teil des Bechers verdeckt.

Was die Dose angeht, aus der die Jogurtbecher erscheinen, so musst du bei euch zu Hause mal die Wohnung durchstöbern, was sich dafür wohl am besten eignet. Es gibt zum Beispiel Blechdosen mit einem Plastikdeckel, in denen Pulverkaffee verkauft wird. In eine solche Dose passen schon vier unserer präparierten Becher.

Eine eckige Kiste, vielleicht sogar eine flache, in der die zusammengeschobenen Becher nebeneinander Platz finden, ist ebenfalls denkbar. Natürlich kannst du dir mit etwas bastlerischem Geschick auch eine Schachtel basteln, die dann genau auf die Größe und Anzahl deiner Becher abgestimmt ist.

Vorführung

1. Nach dem ersten Kunststück des Zauberprogramms kündigst du an, einen Trick mit einer leeren Dose vorführen zu wollen.

2. Du öffnest die Dose, schaust verdutzt hinein und holst einen Becher Jogurt daraus hervor. Du zeigst ihn kurz vor und stellst ihn dann in deinen Zauberkoffer. *„Na ja, das macht nichts, das ist nur mein Pausenjogurt"*, sagst du, *„Dann zeige ich Ihnen eben ein anderes Kunststück."* Die Dose stellst du so ab, dass sie immer in Sicht der Zuschauer ist, damit diese nicht glauben, du hättest verschiedene Dosen oder du würdest heimlich den Becher wieder in die Dose stellen. Dann gehst du zum nächsten Trick deines Programms über.

3. Ist dieser Trick beendet, sagst du erneut: *„Meine Damen und Herren, ich wollte Ihnen wie gesagt eigentlich ein Kunststück mit einer leeren Dose vorführen."* Dabei öffnest du wieder die Dose, stutzt und holst einen zweiten Becher Jogurt daraus hervor, der eigentlich schon gar keinen Platz mehr in der Dose hatte.

4. Das Ganze wiederholt sich noch einige Male. Du kommst nicht dazu, das angekündigte Kunststück mit der Dose zu zeigen, weil dir jedes Mal ein Becher Jogurt dazwischenkommt.

TIPP

Wie oft du diesen Running Gag letztlich vorführst, hängt von zwei Dingen ab: was für eine Dose du dazu benutzt und wie viele Jogurtbecher du vorher leer essen willst

Der Schlusstrick

Keine Sorge, das ist noch nicht ganz der Schluss des Buches, aber es handelt sich um einen Trick mit einem Jogurtbecher und deshalb gehört der „Schlusstrick" in dieses Kapitel. In ganz vielen Zauberbüchern kann man lesen, dass sich als Abschluss eines Zauberprogramms besonders gut eine *Produktion* eignet. Das ist ein Trick, bei dem etwas herbeigezaubert oder eben (wie Zauberer sagen) *produziert* wird, wie bei diesem Kunststück. Meistens geschieht dies aus einem Behälter (zum Beispiel einer Kiste), der leer gezeigt wird und dann anschließend bis zum Rand mit Tüchern oder was Zauberer sonst so herbeizaubern gefüllt ist. Du wirst gleich sehen, dass wir gar keine komplizierten Apparate brauchen um etwas erscheinen zu lassen. Uns reicht ein leerer Jogurt- oder Dickmilchbecher, etwas Seidenpapier und ein Gummiband.

Effekt

Der Zauberkünstler hat vor sich auf dem Tisch einen offenen Plastikbecher stehen, um den herum eine Papierröhre aus Seidenpapier steht. Daneben liegt ein Gummiband. Er zieht nun den Becher aus der Röhre und zeigt, dass er leer ist. Nachdem er ihn wieder auf seinem Platz in der Röhre abgestellt hat, zeigt er auch die Papierröhre leer vor. Anschließend faltet er sie flach zusammen und legt sie auf die Öffnung des Bechers, wo er sie mit dem Gummiband befestigt, sodass das Papier wie ein Deckel den Becher verschließt.

Nach einem Zauberspruch sticht der Zauberer ein Loch in das Papier und holt die verschiedensten Gegenstände aus dem vorher leeren Becher.

Geheimnis

Bevor es nun an die notwendige Bastelarbeit für diesen Trick geht, wollen wir dir schnell erklären, wie die Gegenstände in den Becher kommen. Es wird ja oft behauptet, Zauberer arbeiteten mit einem doppelten Boden. Bei diesem Trick spielt tatsächlich der Boden eine besondere Rolle, und zwar der Boden des Bechers. Er ist allerdings nicht doppelt, sondern lose. Außerdem ist im Inneren des Bechers ein zweiter kleinerer Becher verborgen, in dem die Dinge stecken, die zum Schluss produziert werden sollen.

Die Papierröhre ist notwendig um vor den Zuschauern zu verbergen, dass der Becher präpariert ist.

Vorbereitung/Präparation

Material

Becher:
- 2 große Becher
- 1 kleiner Becher (150 g)
- 1 Pappstück, ca. DIN A4
- Nagelschere

Röhre:
- Seidenpapier
- Klebstoff
- Gummiband

Spruchband:
- Seidenband
- Pappe
- Schere
- Stifte

Der Becher:

1. Du solltest bei diesem Trick keinen 250-Gramm-Jogurtbecher nehmen, wie wir ihn schon mehrmals beschrieben haben, sondern einen größeren Becher, damit etwas mehr daraus erscheinen kann. In solchen Bechern werden zum Beipiel Buttermilch oder Dickmilch verkauft.

2. Ehrlich gesagt, wir haben etwas geflunkert, als wir von *einem* Becher gesprochen haben. Um ganz genau zu sein, musst du deine Eltern nämlich dazu überreden *zwei* Becher zu kaufen: Aus einem der Becher musst du vorsichtig mit einer Nagelschere den Boden herausschneiden (dass du vorher den Inhalt herausschütten, essen oder trinken solltest, brauchen wir dir ja nicht extra zu sagen, oder?). Es muss nur noch ein ganz kleiner Rand von ungefähr 2 Millimetern stehen bleiben, damit der lose Boden nachher nicht hindurchfällt *(Zeichnung 1 auf Seite 80)*.

3. Du kannst den Becher mit bunter Klebefolie bekleben. Andererseits können deine Zuschauer ja ruhig sehen, dass du mit ganz normalen Gegenständen zauberst.

4. Vom zweiten Becher brauchst du nur den Boden. Diesen musst du allerdings so abschneiden, dass er etwas größer ist, als der Boden, der vom ersten Becher übrig geblieben ist *(Zeichnung 2)*. Den Boden vom zweiten Becher legst du in den ersten Becher *(Zeichnung 3)*. Nun ist auch klar, warum dieser Boden etwas größer sein muss: erstens, damit er nicht durch den bodenlosen Becher fallen kann, und zweitens, damit er unten im Becher leicht festklemmt und nicht beim Zeigen des Bechers herausfällt.

5. So, jetzt zum kleinen Becher. Diesmal brauchst du einen kleinen Jogurtbecher, in den nur 150 Gramm Jogurt hineinpassen. Von diesem Becher

Zeichnung 1

Zeichnung 2

Zeichnung 3

Zeichnung 4

Zeichnung 5

Zeichnung 6

schneidest du, wenn er leer ist, den oberen Rand, der sich nach außen wölbt, ab, damit der Becher leicht durch die Bodenöffnung des großen Bechers hindurchpasst. Außerdem schneidest du den Boden von diesem Becher ab und klebst ihn zum Schluss mit der oberen Öffnung auf ein größeres Pappstück *(Zeichnungen 4 und 5)*. Du hast nun einen Becher, der eigentlich genau falsch herum steht: Das breite Teil ist unten und zugeklebt, das schmale oben und offen.

5. Wenn du dir *Zeichnung 6* anschaust, wird dir wahrscheinlich schon alles klar sein: Im Becher ohne Boden steht der kleinere Becher und auf diesem kleineren Becher liegt der lose Boden des großen Bechers auf. Hebt man nun den großen Becher hoch, klemmt sich der Boden unten im Becher fest und man kann den großen Becher zeigen: Er sieht aus wie ein ganz normaler Becher *(Zeichnung 7)*.

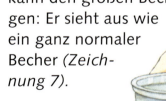

Zeichnung 7

Nun würden die Zuschauer natürlich, wenn der große Becher so gezeigt würde, den kleineren Becher währenddessen auf dem Tisch stehen sehen. Damit das nicht geschieht, steht die Papierröhre um die Becher herum.

Die Papierröhre:
Als Nächstes musst du also die Papierröhre anfertigen. Diese kleine Arbeit musst du sogar vor jeder Vorstellung wieder von Neuem machen, weil du ja bei der Vorstellung durch das Papier hindurchstichst. Weil die Röhre viereckig ist, sieht sie eigentlich wie ein Kasten aus Papier aus, dem Deckel und Boden fehlen.

Sie sollte etwa dieselbe Höhe wie der große Becher haben. Die Zeichnung zeigt dir, wie du die Röhrenhöhe auf das Papier aufmalst. Dann schneidest du den Papierstreifen ab und klebst ihn zur Röhre zusammen.
Da Seidenpapier etwas durchscheinend ist, musst du ausprobieren, ob der kleine Becher noch zu sehen ist. Wenn ja, musst du das Papier doppelt nehmen, also zwei Schichten aufeinander kleben. Statt Seidenpapier kannst du auch Zeitungspapier (von einer Tageszeitung, nicht von einer Illustrierten) oder eine Papierserviette nehmen.

Das Füllmaterial:
Zu guter Letzt brauchst du natürlich noch das Füllmaterial. Wir nehmen jetzt einfach einmal an, dass du den Trick wirklich als letzten in deinem Zauberprogramm zeigen willst, und erklären dir deshalb, wie du ein Spruchband bastelst.
1. Du brauchst dafür ein Seidenband, mit dem man normalerweise eine Schleife um ein eingepacktes Geschenk macht. Außerdem schneidest du dir kleine Scheiben oder Quadrate aus Papier oder dünnem Karton aus, und zwar so viele, wie dein Abschiedstext Buchstaben hat (um Beispiel *Auf Wiedersehen* = 15, eine Scheibe ist für den Zwischenraum zwischen den beiden Wörtern). Die einzelnen Scheiben sollten so klein sein, dass sie auf den Boden des kleinen Bechers passen. Wenn sie verschiedene Farben haben, sieht das Ganze noch lustiger aus.

2. Als Nächstes musst du deinen Text in deutlichen und dicken Buchstaben auf die Scheiben schreiben, denn deine Zuschauer müssen ihn ja gut lesen können. Als Letztes klebst du die Scheiben in gleichmäßigen Abständen auf das Geschenkband.

3. Wenn du nun die ganze Girlande mit dem letzten Buchstaben zuerst in den kleinen Becher steckst und das Band ziehharmonikaförmig zwischen den einzelnen Scheiben ordentlich faltest, wirst du feststellen, dass alles gar nicht so viel Platz wegnimmt und dass noch viel Platz für andere Gegenstände im Becher bleibt. Was sollst du nun also sonst noch produzieren? Eigentlich sind deiner Fantasie keine Grenzen gesetzt. Sicher fallen dir viele lustige Sachen ein. Luftschlangen, wie man sie zu Karneval kaufen kann, eignen sich sehr gut. Man kann sie wie ein langes Band aus dem Becher ziehen. Oder du könntest zum Beispiel deine Mutter mal fragen, ob sie noch eine Babysocke von dir aufgehoben hat, denn komischerweise finden die Zuschauer es immer lustig, wenn ein kleiner Strumpf erscheint. Prinzipiell sind alle Dinge gut, die sich klein zusammenlegen lassen und, wenn sie erscheinen, größer aussehen, als sie wirklich sind.

Vor der Vorführung des Tricks sollte der große Becher samt Inhalt schon in der Röhre stehen. Darüber legst du ein Tuch oder ein Blatt Papier, damit niemand in den Becher hineinschauen kann.

Vorführung
Zur Vorführung selbst brauchen wir eigentlich schon gar nicht mehr viel zu sagen.

1. Du sagst deinem Publikum: *„Für mein letztes Kunststück brauche ich einen leeren Becher."* Dabei ergreifst du den Becher, ziehst ihn aus der Röhre, drehst ihn mit der Öffnung zu den Zuschauern und drehst die Hand in einem Halbkreis von links nach rechts, so dass alle in den Becher hineinschauen können. (Halte die Öffnung dabei nicht zu sehr nach unten, sonst fällt der lose Boden heraus.) Dann stellst du ihn wieder an der gleichen Stelle ab, wo er vorher gestanden hat, nämlich über dem kleineren Becher in die Röhre.

2. Dann fährst du fort: *„... und eine Papierröhre, die auch leer ist."* Hierbei zeigst du nun auch die Röhre auf die gleiche Art vor. *„Aber eigentlich ist die Papierröhre gar keine Röhre, sondern eine Art Deckel, damit nichts in den Becher hineinkommen kann."*

3. Bei diesen Worten faltest du die Röhre wieder zusammen, legst sie auf die Öffnung des Bechers und spannst das Gummiband oben um Becher und Papier.

4. „Und trotzdem, wenn ich meinen Zauberspruch ‚Simsalabim' sage, ist der Becher gefüllt. Mal sehen, was drin ist." Wenn du dir einen Zauberstab gebastelt hast, kannst du ihn nun benutzen um ein Loch in das Papier zu stoßen. Falls nicht, stichst du einfach mit dem Finger durch das Papier und beginnst auszupacken, was im Becher ist. Dazu musst du natürlich den losen Boden, der auf dem kleinen Becher liegt, beiseite schieben.
Wenn du so tust, als ob du selbst überrascht darüber wärst, was und wie viel im Becher ist, wirkt es noch einmal so gut.

5. Kommst du schließlich zu deiner Buchstabenkette, sagst du: „Oh, da ist sogar noch eine Botschaft drin: A – U – F – W – I – E – D …" Umständlich versuchst du zu entziffern, was auf den einzelnen Scheiben steht, bis dir scheinbar schließlich die Erleuchtung kommt und du sagst: „Ach, ‚Auf Wiedersehen' steht da. Ich hatte ja schon angekündigt, dass dies mein letzter Zaubertrick ist, und deshalb sage ich jetzt wirklich: Auf Wiedersehen."

6. Du verbeugst dich und damit sollte allen Zuschauern klar sein, was sie jetzt zu tun haben: applaudieren.

TIPP

Beim Aufräumen deines Zaubertisches musst du anschließend natürlich aufpassen, dass du nicht einfach den großen Becher wegnimmst und plötzlich steht da wie aus dem Nichts der kleine Becher. Das wäre dann eigentlich zwar schon fast wieder ein eigener Zaubertrick, aber ganz so dumm sind deine Zuschauer auch nicht, dass sie sich dann nicht ihren Reim darauf machen würden.

Tricks mit Jogurtbechern

VERSCHIEDENE TRICKS

Im vorletzten Kapitel unseres Zauberbuchs haben wir drei Kunststücke beschrieben, die eigentlich gar nichts gemeinsam haben. Weder benutzt man ein spezielles Requisit noch eine besondere Technik oder Methode. Es gibt jedoch so viele unterschiedliche Dinge, die wir noch beschreiben könnten, dass sie alle gar nicht in dieses Buch passen würden. Um dir noch einmal mehrere verschiedene Techniken und Requisiten vorstellen zu können, haben wir deshalb in diesem Kapitel die Tricks etwas wild gemischt. Alle drei Tricks sind auf jeden Fall sehr wirkungsvoll. Deshalb schlagen wir dir auch im letzten Kapitel vor, zwei davon in dein erstes Zauberprogramm mit aufzunehmen.
Bei dem ersten Trick handelt es sich um ein Rechenkunststück.

Eine starke Vorhersage

Nun wird's kritisch oder besser mathematisch. Aber keine Angst, nicht du musst rechnen, sondern ein Zuschauer.

Effekt

Der Zauberkünstler erzählt, dass er ein Experiment versuchen will, bei dem es um Mathematik, also ums Rechnen geht. Da er als Kind nicht mit Erwachsenen um die Wette rechnen kann und will, hat er sich etwas anderes ausgedacht. Kurz vor der Vorstellung hat er versucht sich vorzustellen, welche Zahlen und Ziffern an diesem Tag wohl von besonderer Bedeutung sein könnten. Und dann hat er einige Ziffern auf einen Zettel geschrieben und diesen dann in einen Umschlag gesteckt. Nachdem er dies erzählt hat, stellt er den Umschlag für alle sichtbar auf den Tisch. Und damit niemand vermuten kann, dass vorher etwas mit einem Zuschauer abgesprochen wurde, schreibt nicht nur ein Zuschauer eine Zahl auf, sondern drei Zuschauer schreiben auf einen Schreibblock untereinander jeweils eine dreistellige Zahl. Ein vierter Zuschauer addiert die drei Zahlen und verkündet laut das Ergebnis.

Der Zauberkünstler nimmt nun den Umschlag und gibt ihn einem Zuschauer, der ihn öffnen und die auf dem Block aufgeschriebene Zahl nennen soll: Sie stimmt mit dem Ergebnis der Rechnung überein!

Geheimnis/Vorbereitung

Material
- ★ kleiner Spiralblock
- ★ Stift
- ★ Umschlag

Stark, nicht wahr? Deshalb haben wir diesen Trick auch „Eine starke Vorhersage" genannt. Das Schöne dabei ist, dass du dafür nur ganz wenige Requisiten brauchst: einen Briefumschlag, einen Stift und einen kleinen Block, bei dem die Blätter durch eine Drahtspirale zusammengehalten werden. Wenn man einen solchen Block ungefähr in der Mitte aufklappt und das Deckblatt und einige Blätter nach hinten umschlägt, sieht er nämlich von beiden Seiten gleich aus. Und das ist für unseren Trick sehr wichtig.

Aber um deine Neugier zu stillen wollen wir dir erst einmal beschreiben, wie das Kunststück gemacht wird.

1. Da du dich natürlich nicht darauf verlassen kannst, dass die Zuschauer zufällig die richtigen Zahlen auf den Block schreiben, stehen auf einer Seite des Blocks schon vorher drei dreistellige Zahlen, also zum Beispiel: 354, 820 und 586.

2. Es würde natürlich auffallen, wenn diese Zahlen alle mit der gleichen Handschrift geschrieben wären und dazu noch mit einer Kinderhandschrift, die sich ja meistens von der Handschrift Erwachsener unterscheidet. Also musst du drei verschiedene Erwachsene bitten, jeweils eine dreistellige Zahl auf den Block zu schreiben. Diese Erwachsenen sollten natürlich später keine Zuschauer deiner Zaubervorstellung sein, sonst würde ihnen wahrscheinlich ein Licht aufgehen, wenn du deine Vorhersage vorführst. Du musst ja auch nicht unbedingt erwähnen, dass du die Zahlen für einen Zaubertrick brauchst. Sag ihnen einfach, dass du damit etwas ausprobieren möchtest.

3. So, jetzt nehmen wir mal an, dass du es geschafft hast, drei verschiedene Zahlen von drei verschiedenen Leuten zu ergattern. Das Ganze sollte dann etwa so aussehen wie auf unserer Zeichnung. Wenn du den Block nun umdrehst, sieht man ein leeres Blatt. Und so, also mit der leeren Seite nach oben, sollte der Block dann auch für deine Vorstellung bereitliegen.

4. Vor der Aufführung musst du natürlich noch die drei Zahlen, die du hast aufschreiben lassen, zusammenrechnen. Rechne ruhig noch ein zweites Mal nach, ob es auch wirklich stimmt. Schreibe die Summe dann auf einen Zettel, stecke den Zettel in den Briefumschlag und klebe diesen zu.

5. Der Trick bei der Vorführung ist, dass du drei Zuschauer Zahlen auf die leere Blockseite schreiben lässt. Bevor der vierte Zuschauer die Zahlen zusammenrechnen soll, drehst du den Block in deiner Hand aber unauffällig so um, dass der Zuschauer nun die Seite mit den schon vorher geschriebenen Zahlen sieht. Wie das genau geht, beschreiben wir gleich.
Du solltest übrigens bei der Vorstellung den gleichen Stift benutzen, den du auch zur Vorbereitung benutzt hast, damit der Zuschauer, der zum Schluss die drei Zahlen zusammenzählen muss, keinen Unterschied feststellt.

Vorführung

1. Du sagst: *„Meine Damen und Herren, ich möchte Ihnen nun ein Experiment zeigen, bei dem es um Zahlen geht. Ich möchte nicht mit Ihnen um die Wette rechnen, nein, ich habe mir etwas anderes ausgedacht: Ich hatte heute morgen eine Ahnung, dass heute ganz bestimmte Zahlen und Ziffern eine Rolle spielen werden. Und deshalb habe ich schon vor der Vorstellung eine Zahl auf einen Zettel geschrieben und in diesen Umschlag gesteckt."*

2. Bei diesen Worten zeigst du den Umschlag und lehnst ihn so an einen Gegenstand auf deinem Zaubertisch, dass er für alle gut sichtbar ist.

3. Dann nimmst du den Block zur Hand (leeres Blatt oben), gehst auf einen Zuschauer zu und sagst: *„Darf ich Sie bitten eine beliebige dreistellige Zahl hier oben auf das Blatt zu schreiben?"*

4. Dabei gibst du dem Zuschauer den Stift und hältst ihm den Block hin. Mit der anderen Hand zeigst du etwa dorthin, wo auf dem vorbereiteten Blatt mit den drei Zahlen die oberste Zahl steht.

Verschiedene Tricks

5. Du behältst den Block in der Hand, damit der Zuschauer ihn nicht zufällig umdreht und dabei die Zahlen auf der Rückseite entdeckt. Aber du darfst ihn natürlich nicht so krampfhaft festhalten, dass alle sofort merken, dass du etwas zu verbergen hast.

6. Sobald der Zuschauer seine Zahl geschrieben hat, bedankst du dich bei ihm. Du gehst sofort zu einer anderen Person und bittest sie, eine zweite, ebenfalls dreistellige Zahl unter die erste zu schreiben.

7. Ist der zweite Zuschauer fertig, gehst du zügig zu einem dritten und lässt eine dritte Zahl aufschreiben. Dabei kannst du zum Beispiel sagen: *„Nehmen Sie irgendeine dreistellige Zahl, die Ihnen gerade zufällig in den Kopf kommt."* Du solltest vor allen Dingen diesem letzten Zuschauer, sobald er fertig ist, ziemlich schnell den Block wieder wegnehmen, damit er nicht womöglich auf die Idee kommt die drei Zahlen zusammenzuzählen.

8. Sollte ein Zuschauer beim Aufschreiben der Zahlen versuchen diese vor dir zu verbergen, dann sagst du: *„Ich kann ruhig sehen, welche Zahl Sie aufschreiben. Ich kann ja sowieso nichts mehr ändern. Meine Voraussage steht ja schon da vorne."* Dabei zeigst du auf den verschlossenen Umschlag.

9. Sind alle drei Zahlen notiert, machst du eine kleine Pause und sagst: *„Ich konnte nicht beeinflussen, welche Zahlen Sie aufschreiben würden."*

10. Dann wendest du dich an einen Zuschauer, der etwas weiter entfernt sitzt und so aussieht, als ob er ohne Taschenrechner drei Zahlen zusammenzählen könnte (das war natürlich ein Witz!), und sagst: *„Würden Sie nun bitte die drei Zahlen addieren?"*

11. Du wählst einen Zuschauer, der etwas weiter hinten sitzt, damit der Weg zu ihm länger ist. Denn während dieses Weges passiert die einzige Trickhandlung, die die Zuschauer nicht bemerken dürfen: Du musst den Block umdrehen. Am besten geht das, wenn du, während du auf den Zuschauer zugehst, beide Hände ganz natürlich am Körper herunterhängen lässt.

12. In dem Moment, in dem du dem Zuschauer den Stift entgegenhältst, also die eine Hand wieder hebst, dreht die andere Hand den Block um, wie das die Zeichnungen auf Seite 89 zeigen. Das Ganze dauert nur einen kurzen Moment und niemand wird, wenn du es ganz beiläufig machst, etwas bemerken. Du darfst natürlich dabei nicht auf deine Hand schauen, sondern du schaust den Zuschauer an, dem du den Stift geben willst.

13. Nach dem „Wendemanöver" hältst du dem Zuschauer den Block hin. Er blickt nun auf die Zahlen, die du schon vor der Vorführung hast aufschreiben lassen. Dieser Zuschauer darf ruhig etwas genauer hinsehen, es ist ja nichts Verdächtiges zu erkennen. Er glaubt ja, er rechne die Zahlen zusammen, die die drei Zuschauer gerade aufgeschrieben haben. Ist er fertig, bittest du ihn, das Ergebnis laut zu nennen. Du wiederholst: „*Die Summe der drei Zahlen, die drei der hier Anwesenden aufgeschrieben haben, lautet* (um bei unserem Beispiel von vorhin zu bleiben): *1760.*"

14. Du gehst zurück zu deinem Zaubertisch und ergreifst den Voraussageumschlag um ihn einem fünften Zuschauer zu überreichen. Du bittest diesen Zuschauer den Umschlag zu öffnen und die Zahl auf dem Zettel laut vorzulesen.

15. Jetzt müssten eigentlich, wenn du alles richtig gemacht hast, alle (außer dir natürlich) ziemlich staunen.

TIPP

Du könntest nun vielleicht meinen, dass es noch besser wirken würde, wenn der Umschlag schon vor dem Zusammenrechnen der Zahlen in der Hand eines Zuschauers wäre. Das mag schon sein, aber dadurch, dass du ihn erst später dorthin gibst, bleibt den Zuschauern, die darüber nachdenken, wie der Trick wohl geht, wenigstens noch eine mögliche (wenn auch falsche) Lösung des Kunststücks, nämlich die, dass du auf dem Weg vom Tisch zum Zuschauer das richtige Ergebnis irgendwie in den Umschlag hineingefummelt hast. Erfahrene Zauberkünstler wissen, dass ein Zaubertrick besser wirkt, wenn er für die Zuschauer nicht völlig unmöglich scheint.

Der sichere Griff

Für diesen Trick brauchst du acht bis zehn leere Filmdosen. Du bekommst sie, falls du bei dir zu Hause nicht genügend davon findest, meistens umsonst im Fotoladen. Oft sind die Verkäufer sogar froh sie loszuwerden.
Es sollten schwarze, auf jeden Fall aber undurchsichtige Filmdosen sein. Oft ist der Deckel ebenfalls schwarz, manchmal aber auch grau oder orange. Die Farbe spielt keine Rolle, nur müssen alle Dosendeckel die gleiche Farbe haben, damit man sie bei unserem Kunststück nicht voneinander unterscheiden kann. Auf die Deckel kommt es nämlich, wie du gleich sehen wirst, an.

Effekt

Du zeigst deinen Zuschauern eine Anzahl leerer Filmdöschen. Dann legst du oder ein Zuschauer in eine der Dosen einen Groschen und die Dose wird verschlossen. Zusammen mit den restlichen Dosen kommt die Dose, die das Geldstück enthält, in einen durchsichtigen Beutel und ein Zuschauer darf die Dosen durcheinander bringen.
Nun lässt du einen anderen Zuschauer in den Beutel greifen. Er soll versuchen mit einem schnellen Griff die Dose herauszuholen, in der die Münze steckt. Wahrscheinlich wird ihm dies nicht gelingen. Daran kann man sehen, wie schwierig und unwahrscheinlich es ist, bei einem Versuch auf Anhieb die richtige Dose zu erwischen. Dann bist du an der Reihe: Nachdem die Dosen im Beutel noch einmal gründlich durcheinander gebracht worden sind, greifst du in den Beutel und holst zielsicher mit einem Griff die richtige Dose heraus.

Geheimnis

Bevor du weiterliest, kannst du ja mal überlegen, ob du darauf kommst, wie der Trick funktioniert. Wir warten auch so lange mit der Erklärung.
Na, hast du es herausgefunden? Wie, du hast es gar nicht versucht, sondern gleich weitergelesen? Glaub bloß nicht, dass wir so etwas nicht merken …
Das Geheimnis besteht darin, dass nicht nur ein Groschen im Spiel ist, wie die Zuschauer glauben, sondern genau so viele, wie du Dosen benutzt.
Und nun kommen die oben schon erwähnten Deckel zum Zuge: Man kann in die Vertiefung der Deckel jeweils einen Groschen so festdrücken, dass er von selbst nicht herausfällt. Natürlich dürfen die Zuschauer die Deckel nicht von dieser Seite sehen.

Auch wenn du nun eine Dose mit einem solchen „gefüllten" Deckel verschließt, bleibt die Münze noch an ihrem Platz. Erst wenn du die Dose zwischen Daumen und Zeigefinger hältst, Daumen auf dem Deckel, Zeigefinger auf dem Boden der Dose, und mit dem Daumen mitten auf den Deckel drückst, fällt die Münze mit einem „Klack-Geräusch" in die Dose. Diese Eigenschaft machen wir uns bei diesem Trick zunutze.

Vorbereitung

Material
* 8–10 Filmdosen
* 8–10 Groschen
* durchsichtiger Plastikbeutel

Außer den Dosen brauchst du noch einen größeren durchsichtigen Plastikbeutel, zum Beispiel einen Gefrierbeutel, wie man ihn zum Lebensmitteleinfrieren benutzt.

Um mit dem Trick zu beginnen fehlen dir jetzt nur noch genau so viele Groschen, wie du Dosen hast, und dann kann's losgehen. Vielleicht schaust du mal in deiner Spardose nach.

Zur Vorbereitung kommt in jeden bis auf einen Deckel eine Münze. Die Dosen werden verschlossen und in den Beutel geworfen. Die letzte, leere Dose kannst du ebenfalls verschließen und obenauf in den Beutel geben, du musst dir bloß genau merken, welches die leere Dose ist. (Wenn man darauf achtet, spürt man auch einen kleinen Gewichtsunterschied, die präparierten Dosen sind sozusagen „kopflastig".)

Vorführung

1. Zur Vorführung zeigst du den Beutel mit den Dosen und sagst: *„In diesem Beutel habe ich einige leere Filmdosen, wie Sie sie alle kennen."* Nun holst du die Dosen nacheinander aus dem Beutel, wobei du sie ein wenig schüttelst, um zu demonstrieren, dass sie leer sind. Verliere dabei aber nicht die leere Dose aus den Augen.

2. Dann sagst du: *„In eine davon legen Sie bitte diesen Groschen und verschließen die Dose."* Bei diesen Worten

Verschiedene Tricks

nimmst du die einzige leere Dose und überreichst sie zusammen mit dem Groschen, den du vom Tisch oder aus der Tasche holst, einem der Anwesenden.

3. Während er die Münze in der Dose verstaut, legst du die restlichen Filmdosen wieder in den Beutel.

4. Dann hältst du dem Zuschauer den Beutel mit den Worten hin: *„Würden Sie nun bitte die Dose in den Beutel zurückgeben und die Dosen etwas durcheinander bringen?"* Du selbst hältst ihm dabei den Beutel hin, damit er ihn nicht so wild schüttelt, dass sich womöglich die Groschen aus den Deckeln lösen und dabei verdächtig klappern.

5. Jetzt gehst du zu einem anderen Zuschauer, hältst ihm den Beutel hin und sagst: *„Greifen Sie doch einmal hinein und versuchen Sie mit einem Griff die Dose herauszuholen, in der der Groschen sich befindet."*

6. Sobald der Zuschauer zugreifen will, ziehst du den Beutel zurück und sagst: *„Aber nicht mogeln und alle Dosen schütteln – einfach reingreifen und irgendeine herausnehmen."*

7. Falls es – was wahrscheinlich ist – nicht gelingt, sagst du: *„Das wäre ja auch ein Zufall gewesen bei so vielen Dosen."* Findet er zufällig die richtige Dose, beglückwünschst du ihn zu seinem Glück und lässt es ihn gleich noch einmal probieren. Diesmal wird er dann (hoffentlich) daneben greifen.

8. Nun kommt dein großer Moment: Noch einmal lässt du die Dosen mischen, dann greifst du so in den Beutel, dass die Zuschauer sehen können, dass deine Hand vorher leer ist. Sonst behaupten sie hinterher womöglich noch, du hättest einfach eine Dose mit einer Münze in deiner Hand versteckt gehalten und diese dann scheinbar aus dem Beutel geholt. Das ginge auch, aber die Dosen sind zum Palmieren etwas zu groß!

9. Jetzt kommt die eigentliche Trickhandlung, also der Teil des Kunststücks, den die Zuschauer nicht bemerken dürfen: Du ergreifst nämlich im Beutel die erstbeste Dose, die du zu fassen kriegst, und drückst, wie oben beschrieben, unbemerkt mit dem Daumen und den Fingern auf Deckel und Boden der Dose, sodass sich der Groschen aus dem Deckel löst. Es kann natürlich auch passieren, dass du zufällig wirklich die Dose erwischst, in die der Zuschauer zu Beginn das Geldstück gelegt hat. Aber das merkst ja nur du (weil sich kein Groschen aus dem Deckel löst).

10. Sofort kommst du mit deiner Hand wieder aus dem Beutel hervor und schüttelst die Dose, damit deine Zuschauer die Münze hören können. Mit „sicherem Griff" (daher der Titel dieses Kunststücks) hast du die „richtige" Dose aus den vielen gleichen herausgefunden.

> **TIPP**
> Wenn du die Dosen beziehungsweise die Deckel für diesen Trick aussuchst, musst du etwas aufpassen. Es gibt nämlich zwei verschiedene Arten von Deckeln, die äußerlich völlig gleich aussehen. Bei den einen kann es passieren, dass die Münze sich nach kurzer Zeit von selbst löst. Du solltest also, bevor du das Kunststück vorführst, die geschlossenen Dosen mit den Groschen im Deckel erst einmal testen. Lasse sie eine halbe Stunde stehen und sieh dann nach, welcher Deckel sich für den Trick eignet und welcher nicht.

Nasse Farben

Beim nächsten Kunststück benutzen wir ein Material, mit dem man vorsichtig umgehen muss. Es ist Wasser und Wasser kann man verschütten und damit seine Requisiten ruinieren. Wenn ein Glas während der Vorstellung umkippt, kann man nicht einfach weiterzaubern. Andererseits kann aber gerade Zauberei mit Flüssigkeiten sehr verblüffend wirken und deshalb wollten wir wenigstens diesen einen Flüssigkeitstrick beschreiben.

Effekt

Der Effekt bei unserem Flüssigkeitskunststück ist, dass Wasser seine Farbe ändert. Du hast drei halb volle Gläser mit klarem Leitungswasser vor dir stehen. Aus einem Krug gießt du eine violette Flüsskeit in das erste Glas und das Wasser färbt sich sofort violett. Eigentlich klar. Nun gießt du auch in das zweite Glas etwas von der violetten Flüssigkeit und das Wasser färbt sich – grün! Beim dritten Glas wird das Wasser dann rot.

Wenn du den Trickablauf mit anderen Kunststücken vergleichst, wirst du feststellen, dass er eigentlich keinen Höhepunkt hat: Da stehen drei Gläser, du gießt etwas hinein und das Wasser färbt sich. Es fehlt die Spannung, die Geschichte bei diesem Trick. Deshalb erzählst du eine Geschichte um den Trick herum und baust so die Spannung künstlich auf.

Um dir das Lernen der Geschichte zu erleichtern und um auch in die Vorträge der Kunststücke etwas Abwechslung zu bekommen, haben wir die Geschichte als Gedicht verfasst.

Geheimnis
Wie der Trick eigentlich geht, fragst du? Stimmt, das sollten wir dir vielleicht noch kurz erklären. In den Gläsern ist kein klares Leitungswasser. Das heißt, im ersten schon, aber die Färbegläser sind heimlich präpariert.

Vorbereitung/Präparation

Material
* 1 Krug
* 3 Gläser
* Rotkohl
* Essig
* Natron
* Wasser

Du brauchst einige Rotkohlblätter oder etwas gefrorenen Rotkohl um die violette Flüssigkeit herzustellen.
Für die Färbung der anderen beiden Gläser brauchst du etwas Essig und etwas Natron. Natron kann man in der Apotheke, aber auch in vielen Lebensmittelgeschäften kaufen. Es ist ein Mittel, das man zum Kochen benutzt oder zum Beispiel bei Magenbeschwerden einnimmt.

1. Um die violette Flüssigkeit herzustellen zerschneidest du die Rotkohlblätter und übergießt sie dann mit heißem Wasser. (Bei frischem Rotkohl ist die Färbung wesentlich intensiver als bei gefrorenem und unterscheidet sich auch besser von der roten Flüssigkeit.) Schon nach kurzer Zeit nimmt das Wasser eine violette Färbung an. Um eine besonders intensive Färbung zu erreichen, musst du den übergossenen Rotkohl eine Nacht stehen lassen.

2. Vor der Vorführung füllst du in die Gläser etwas Wasser. Das erste Glas bleibt, wie es ist; in das zweite verrührst du eine Löffelspitze Natron und in das dritte einen Schuss Essig. Fertig! Wenn du nun das Rotkohlwasser aus einem Krug in die Gläser schüttest, färbt sich das Wasser grün und rot. Bevor du dieses Kunststück das erste Mal vor Zuschauern zeigst, solltest du es natürlich einmal für dich ausprobieren. Dann kannst du auch feststellen, ob du genug Essig und Natron genommen hast und wie viel Wasser in die Gläser muss um eine gute Färbung zu erzielen. Merke dir die Mengen, die du gebraucht hast um die beste Farbe zu bekommen, für die nächste Zaubervorführung.

Vorführung

Natürlich kannst du nicht einfach anfangen ein Gedicht aufzusagen. Deshalb erklärst du deinen Zuschauern: *„Das nächste Kunststück ist eine kleine Geschichte, eine Geschichte von einem Zauberer in Gedichtform! Damit es nicht zu langweilig wird, habe ich einige Dinge mitgebracht, mit denen ich die Geschichte spielen möchte. Nun geht es los!"*

*Ein Zauberer sitzt stillvergnügt
in seinem Kämmerlein und übt.
Da klopft es laut
und als er schaut,
da stehn zwei Fremde draußen.*

*„Wir finden unsren Weg nicht mehr
und bitten Euch um Hilfe sehr!"
So sagt der eine von den Zwein.
„Dann kommt doch erst einmal herein
und macht 'ne kleine Pause."*

*Die beiden setzen sich und dann
bietet er was zu trinken an.
Er hat jedoch nur eins im Schrank:
den Spinnenbein-und-Kröten-Trank.
Der ist ja fast zum Grausen.*

Er gießt ein Gläschen davon voll –
(erstes Glas vollschenken)
*die beiden finden's nicht so toll.
Sie sagen beide heftig: „Nee! –
Wir hätten lieber etwas Tee
oder ein Glas mit Brause."*

*Der Zauberer schwenkt seine Hand,
die beiden schauen ganz gespannt.
Dann gießt er ein – und es geschieht,*
(zweites Glas vollschenken)
*wie man es hier ganz deutlich sieht,
ein Wunder in der Klause.*

*Im zweiten Glas ist grüner Saft,
der Zauberer hat es geschafft,
hat Pfefferminztee schnell gemacht.
Doch macht er weiter schon und lacht,
er hext nun ohne Pause.*

Deshalb braut er, wie ihr seht,
(drittes Glas vollschenken)
*noch etwas Hagebuttentee.
Dann plötzlich hat er wohl genug
von Tee, von Fremden, von Besuch,
und zaubert sie nach Hause.*

TIPP

Ein kleiner Stolperstein bei diesem Kunststück könnte das Gedicht sein, denn wenn du es vor Publikum aufsagen willst, solltest du es wirklich gut können. Die Wirkung des Kunststücks könnte schnell verfliegen, wenn das Gedicht schlecht und holprig aufgesagt wird. Also wie immer: Gut üben!

DIE ZAUBERSHOW

Viele Menschen können einzelne Zauberkunststücke vorführen, meistens Kartentricks. Das wird aber gar nicht als besondere Kunst angesehen. Du wirst von deinen Verwandten und Bekannten als Zauberer viel ernster genommen und erzielst eine viel größere Wirkung, wenn du deine Kunststücke in einem passenden Rahmen vorführst. Zeige also besser nicht bei jeder Gelegenheit auf die Schnelle mal eben ein einzelnes Kunststück, sondern zaubere lieber nur manchmal, dann aber so, dass die Vorführung zu einem ganz besonderen Ereignis wird: Veranstalte eine Zaubershow!

Gelegenheiten

Eins ist für eine Zaubershow absolut unverzichtbar, nämlich das Publikum. Da es wahrscheinlich am Anfang kaum so sein wird, dass die Menschen aus allen Ecken herbeiströmen um dich zaubern zu sehen, musst du da zaubern, wo schon einige versammelt sind. Das kann zum Beispiel bei Familienfeiern sein, aber auch bei einem Nachbarschaftsfest oder einer anderen Veranstaltung, bei der mehrere Menschen sich treffen. Ganz wichtig für dich ist dabei, dass du jemanden aus dem Publikum gut kennst, denn dann bist du weniger aufgeregt. Obwohl es solche Gelegenheiten natürlich nicht ständig gibt, solltest du für den Anfang versuchen eine Zaubershow dann einzustudieren, wenn du weißt, dass du sie zwei- oder dreimal hintereinander vorführen kannst. Dann lohnt sich der Aufwand wenigstens und du bist dann auch gut in Übung.

Falls du einmal länger auf eine passende Gelegenheit warten musst, denke daran: Wichtig ist, wie gut du zauberst und nicht, wie oft du auftrittst.

Auftrittsorte

Es ist ziemlich unwahrscheinlich, dass du im Stadttheater oder auf der Bühne einer großen Halle auftreten wirst – dazu eignen sich unsere Kunststücke auch gar nicht. Bei den Gelegenheiten, die wir oben beschrieben haben, wird die Zaubershow eher im Wohnzimmer, im Partykeller oder auf einer Terrasse stattfinden.

Lieber drinnen zaubern

Grundsätzlich gilt, dass es besser ist in einem Raum als draußen zu zaubern. Viel zu leicht werden die Zuschauer im Freien abgelenkt und es ist auch häufig schwieriger einen geeigneten Platz zu finden – ganz abgesehen von den Schwierigkeiten, wenn dir der Wind deine Requisiten wegbläst.

Der Raum

Den Raum, in dem du zauberst, kannst du dir natürlich oft nicht aussuchen. Er hängt ab von den Räumlichkeiten, in denen die Feier oder Veranstaltung stattfindet. Es gibt aber trotzdem ein paar Dinge, die du beachten solltest. Schau dir den Raum schon rechtzeitig vor deinem Auftritt an und besprich mit dem Veranstalter der Feier, was für räumliche Bedingungen für deinen Auftritt wichtig sind.

Alle Zuschauer sollen sitzen

Für alle Zuschauer solltest du, wenn es möglich ist, Stühle oder andere Sitzmöglichkeiten haben. Erstens, weil jemand, der sitzt, sich nicht bewegen kann, während jemand, der steht, auch mal einen Schritt zur Seite oder nach vorne macht um etwas besser sehen zu können. Zweitens kann gerade ein Erwachsener, der steht, natürlich viel besser von oben auf deine Requisiten schauen als jemand, der sitzt. Dies ist zum Beispiel beim Puzzle-Trick von großer Bedeutung. Also alle hinsetzen! Dabei müssen natürlich die Stühle so stehen, dass dich auch alle von vorne sehen können – eben genauso wie in einem Theater. Halt, eines haben wir vergessen: Bevor du die Stühle aufstellst, musst du ja wissen, in welcher Ecke des Raumes du zauberst, wo also die „Bühne" ist.

Die Position der „Bühne"

Drei Dinge sind dabei wichtig:
1. Du baust deine Requisiten so auf, dass du eine Wand hinter dir hast, also von hinten nicht gestört werden kannst.
2. Wenn es geht, stellst du dich genau gegenüber der Tür auf, damit du nicht jedesmal unterbrechen musst, wenn mal jemand während der Vorstellung rein- oder rausgeht und sich hinter deinem Rücken vorbeiquetscht.
3. Am besten ist, wenn sich hinter dir eine glatte Wand befindet, also kein Schrank oder Bücherregal, sondern nur Wand. Bilder, die dort hängen, kann man während der Vorstellung vielleicht abnehmen. Das ist deshalb wichtig, damit die Zuschauer sich auf dich konzentrieren und alles, was du machst, gut erkennen können. Manchmal kann man sich einen solchen Bühnenhintergrund schaffen, indem man ein Bettlaken über das Regal oder den Schrank im Hintergrund hängt.

Das Licht

Auf keinen Fall solltest du vor einem Fenster zaubern, weil dann die Zuschauer leicht geblendet werden und nichts sehen können. Für die Atmosphäre ist es noch besser, wenn der Raum so beleuchtet wird, dass es dort, wo du stehst, ganz hell ist, und dort, wo die Zuschauer sitzen, etwas dunkler. Das geht häufig ganz einfach, indem man Vorhänge zuzieht oder eine Stehlampe auf die „Bühne" richtet. Wichtig ist, dass möglichst kein Licht hinter dir ist, also alles Licht von vorne oder von oben kommt. Dann können die Zuschauer am besten sehen.

Vorbereitung
Es ist immer gut, wenn du deinen Auftrittsort etwas gestalten kannst. Am besten ist es, wenn du vor der Vorführung eine halbe Stunde dort ganz allein sein kannst – oder zu zweit, wenn dir jemand hilft. Dann kannst du alles vorbereiten und die Zuschauer kommen in den Raum, kurz bevor du beginnst.

Das Drumherum

Zu einer Zaubershow gehören nicht nur Zauberkunststücke und Zuschauer. Wenn du schon einmal in einer Theateraufführung oder im Zirkus warst, weißt du, dass dort eine ganz eigene Atmosphäre herrscht. Die kannst du natürlich nicht einfach in euer Wohnzimmer zaubern, aber du kannst schon etwas dafür tun, dass ein bisschen Theateratmosphäre entsteht. Natürlich meinen wir Zaubertheateratmosphäre.

Plakate
Du kannst Plakate malen, auf denen du deine Zaubershow ankündigst. Wichtig ist, dass du nicht zuviel darauf versprichst. Wenn es deine erste Vorstellung überhaupt ist, solltest du nicht schreiben, dass du der größte Zauberer der Welt bist. Das Publikum ist dir gegenüber viel netter eingestellt, wenn du realistisch bleibst: Du könntest zum Beispiel schreiben: „Erste Schritte eines Zauberkünstlers" oder „Der Zauberlehrling". Anders als die Kollegen beim Zirkus brauchst du wahrscheinlich nur ein Plakat, das du zum Beispiel im Flur aufhängst.

Die Zaubershow

Eintrittskarten

Wenn du ein Plakat für deine Show gemacht hast, ist es einfach nach demselben Motto auch Eintrittskarten herzustellen. Der Titel der Show, Ort und Zeit werden auf einen Zettel geschrieben und bunt verziert. Da du ja wahrscheinlich weißt, wie viele Leute kommen, kannst du auch genauso viele Karten basteln. Wenn du schon bei der Einladung zu einer Feier weißt, dass du eine Zaubershow vorführst, ist es eine hübsche Idee, die Eintrittskarten direkt mit der Einladung zu verteilen. Die Karten dürfen die Zuschauer nach der Vorstellung behalten und haben so eine Erinnerung an deinen Auftritt. Es sei denn, du hast so viele Vorstellungen, dass du mit dem Kartenschreiben nicht mehr nachkommst. Dann sammelst du sie immer wieder ein.

Dein Künstlername

Du bist ein Zauberkünstler. Vielleicht hast du dir sogar einen Künstlernamen überlegt? Das ist nicht unbedingt nötig – wir beide haben zum Beispiel keine Künstlernamen. Aber manchmal, besonders wenn man anfängt zu zaubern, kann ein solcher Name doch nützlich sein. Es ist nämlich eine kleine, aber wirkungsvolle Hilfe, wenn du auf dein Plakat nicht schreibst, dass Klaus Meier (oder wie immer du heißt) einige Zaubertricks zeigt, sondern dass der Zauberkünstler „KlaMei" mit seinen Kunststücken zu sehen ist. Du bist dann der Schauspieler, der diesen Zauberkünstler spielt, und das kann sehr hilfreich sein. Wenn zum Beispiel Tante Hilde dazwischenrufen will: „Klaus, wie machst du das?", wird sie durch deine Rolle als KlaMei etwas davon abgehalten. Die ganze Show ist dann mehr ein Theaterstück, bei dem die Zuschauer ja auch nicht einfach dazwischenrufen.

Deine Kleidung

Wenn du schon eine Art Theaterstück vorführst, dann darf auch eine Verkleidung nicht fehlen. Als Zauberer solltest du also nicht in kurzer Hose und Badelatschen auftreten, sondern du musst dir etwas Mühe bei deiner Kleidung geben. Grundsätzlich gilt hier das Gleiche wie bei den Requisiten: Alles sollte gepflegt, sauber und ordentlich sein. Ein Zauberkünstler ist schick und gut gekleidet. Klassischerweise ist eine dunkle Hose mit passenden Schuhen und einem weißen Hemd eine gute Grundausstattung. Dazu kommen dann noch die typischen Zauberkleidungsstücke: Zauberhut, Umhang und Zauberstab.

Als Hut kann, wenn es so was bei euch noch gibt, ein alter (oder auch neuerer) Zylinder dienen. Aber auch ein Spitzhut, ähnlich einer umgedrehten Schultüte, kann dich in einen Zauberer verwandeln. Einen solchen Hut kannst du dir leicht aus einem Bogen Tonpapier selbst basteln:

1. Dafür schneidest du aus dem Tonpapier einen Kreis von ca. 25 cm Durchmesser aus. Diesen schneidest du vom Rand her bis zur Mitte ein.

2. Schiebe die Schnittstellen passend zu deiner Kopfgröße übereinander und klebe oder hefte sie zusammen.

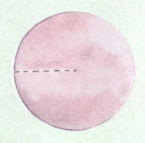

Als Umhang dient ein großes Tuch, das du dir um den Hals knotest. Solche Tücher findest du wahrscheinlich am ehesten im Kleiderschrank deiner Mutter – vorher fragen! Eine Weste sieht auch sehr schick aus.
Selbstverständlich kann ein Zauberer auch ganz anders aussehen, etwa wie ein Clown, eine Fee oder Hexe oder einfach ganz bunt. Deiner Fantasie sind keine Grenzen gesetzt. Du solltest dich aber auf jeden Fall irgendwie verkleiden, damit deine Zuschauer wissen, dass etwas Besonderes passiert.
Eine typische Zaubererkleidung verrät dem Publikum sofort, was auf sie zukommt. Wenn du eine andere Verkleidung wählst, dann solltest du darauf achten, dass du beim Zaubern immer die gleiche Kleidung wählst. Auch dann kann das Publikum erkennen, was passieren soll: Du tritts als Zauberkünstler mit deiner Show auf!

Den Zauberstab, das Wahrzeichen des echten Zauberers bastelst du dir ganz einfach selber: Ein runder Holzstab, ca. 30 cm lang, wird schwarz bemalt oder mit Klebefolie umklebt. Zum Schluss werden die beiden Enden ca. 5 cm weiß bemalt oder beklebt. Die Größe eines solchen Zauberstabes ist natürlich nicht festgelegt, sodass du auch einen ganz großen oder ganz dicken (zum Beispiel aus einer Papphröhre) oder auch einen ganz kleinen oder besonders dünnen basteln kannst.

Musik
„Was ist denn jetzt los?" wirst du dich fragen. Da beschreiben die beiden im ganzen Buch Kunststücke, bei denen man sprechen muss, und nun mit ei-

Die Zaubershow

nem Mal auch noch Musik? Richtig, aber die Musik ist nicht zum Zaubern gedacht, sondern für davor und danach. Nehmen wir an, du bist in einem Raum und die Zuschauer kommen herein und setzen sich. Bis alle sitzen, dauert es etwas. Erst dann und wenn alle ruhig sind, kannst du beginnen.

Dabei kann dir Musik sehr helfen. Erstens kann sie als Zeichen dazu dienen, dass die Zuschauer nun hereinkommen dürfen, ungefähr so wie das Klingeln der Glocke unterm Weihnachtsbaum. Zweitens hören die Zuschauer schon etwas und beenden vielleicht ihre Unterhaltung über das letzte Fußballspiel etwas eher. Und drittens ist dann das Ausschalten der Musik ein deutliches Zeichen, dass du beginnen willst. Das Gleiche gilt natürlich in umgekehrter Reihenfolge für das Ende deiner Show.

Bevor du jetzt deinen Koffer mit Kassetten oder CDs vollpackst, solltest du noch überlegen, welche Musik denn am besten passt. Du willst ja schließlich etwas Theateratmosphäre zaubern. Du solltest Musik nehmen, die du auch magst oder zumindest am Anfang deiner Vorstellung hören magst. Etwas Instrumentales, vielleicht etwas Geheimnisvolles, Orientalisches oder gar Gruselig-Spannendes sorgt bestimmt für eine Einstimmung in eine Zaubershow. Aber auch Zirkusmusik oder bekannte klassische Lieder können einen passenden Rahmen schaffen. Du wirst schon das Richtige finden, wahrscheinlich bei den CDs deiner Eltern – dann aber bitte vorher fragen, sonst wundern die sich bei der Show am meisten.

Jetzt haben wir schon so viel über die Show geschrieben, aber noch nichts darüber, was du zaubern sollst, was du dabei sagst und wie du dich vorbereitest. Das holen wir nun schnellstens nach.

Die Auswahl der Kunststücke

Welche Kunststücke du in deiner Show vorführst, wird wahrscheinlich auch davon abhängen, welche dir am besten gefallen. Aber einige Dinge solltest du beachten: Versuche möglichst verschiedene Effekte (Erscheinen, Wandern, Gedankenlesen, Durchdringung etc.) und möglichst verschiedene Requisiten einzusetzen. Auch wenn du später neue Kunststücke aus anderen Büchern lernst und dein Programm erweiterst oder veränderst, achte darauf, dass du diese beiden Aspekte berücksichtigst. Außerdem eignen sich einige Kunststücke besser für den Anfang und andere besser für den Schluss. Um dir die Planung des ersten Auftritts zu erleichtern haben wir aus den beschriebenen Kunststücken einige ausgewählt und daraus eine Zaubershow zusammengestellt.

Die Kunststücke
1. Aus zwei mach eins
2. Der Einhandknoten
3. Die Ringbefreiung
4. Eine starke Vorhersage
5. Der sichere Griff
6. Der Memory-Trick
7. Weggedacht
8. Der Schlusstrick

Vielleicht denkst du, dass das viel zu wenige Kunststücke sind. Du kannst natürlich viel mehr und willst vielleicht alle zeigen. Aber auch hier gilt: Nicht wie lange man zaubert ist entscheidend, sondern wie gut. Und es ist allemal besser, wenn die Zuschauer denken: „Schade, dass es schon zu Ende ist!", als wenn sie froh sind, wenn du endlich aufhörst. Versuche es doch einmal mit unseren Vorschlägen.

Die Vorbereitungen

Die Trickbeschreibungen hast du ja alle schon gelesen, aber jetzt müssen wir noch einmal überlegen, was sich dadurch verändert, dass du nicht nur ein einziges Kunststück vorführst, sondern mehrere hintereinander. Vor allen Dingen musst du wissen, was du als Ablage und Abstellfläche brauchst.

Möbel
1. Du brauchst einen kleinen Tisch mit einer Decke und einen Stuhl mit geschlossener Lehne oder mit einer Decke oder einem Tuch zugehängt. Der Tisch steht in der Nähe der Zuschauerstühle, der Stuhl mit der Lehne nach vorne etwas weiter hinten seitlich vom Tisch. Der Stuhl dient dir als Lager und Ablage, während der Tisch der Ort ist, auf dem du zauberst.

2. Unter den Tisch stellst du eine Kiste, einen Eimer oder eine Tasche, die die Zuschauer nie sehen werden. Dort hinein legst du die Requisiten, die du schon gebraucht hast, damit sie nicht mit denen, die du noch brauchen wirst, durcheinander geraten.

3. Du benötigst noch einen Ständer, in dem du den Umschlag mit der Vorhersage und die Zaubermappe abstellen kannst. Du kannst dafür einen Buchständer nehmen, wie er in Schreibwarengeschäften angeboten wird. Aus einem Stück Pappe lässt sich ein solcher Ständer aber auch leicht selbst basteln. Dann kannst du ihn so verzieren, dass er auch zauberhaft aussieht:
Du knickst dazu ein DIN A4 großes Stück Pappe oder Tonkarton einmal in der Mitte.

Dann faltest du an den beiden unteren Rändern jeweils noch einmal ca. 1 cm um. Wenn du die Pappe nun wie ein Dach aufstellst, kannst du den Umschlag oder die Mappe gut darauf ablegen.

Requisiten
Du benötigst für den gesamten Auftritt folgende Requisiten:

- Ein Zauberseil
- Zwei Pappringe
- Den präparierten Paravent
- Den präparierten Block mit dem Stift, mit dem er präpariert wurde
- Einen Umschlag mit dem vorhergesagten Rechenergebnis
- Einige Filmdosen mit Groschen „geladen"
- Eine ungeladene Dose und einen Groschen
- Ein durchsichtiger Plastikbeutel
- 20 Memorykarten
- Die Zaubermappe mit vier Karten geladen
- Ein vorbereitetes Kartenspiel
- Fünf Umschläge mit jeweils einer Karte
- Einen großen präparierten Jogurtbecher mit Ladung
- Ein kleines Tablett
- Eine Papierröhre und ein Gummiband

So sind die Requisiten am Anfang deiner Vorstellung aufgestellt:
- Das Zauberseil ist präpariert für den Trick „Aus zwei mach eins" und wird dann so über die Stuhllehne gelegt, dass die Trickstelle hinter dem Stuhl hängt und vorne zwei Seilenden zu sehen sind.
- Ein Pappring befindet sich im geheimen Fach des Paravents, der so auf dem Tisch steht, wie du es nachher für das Kunststück brauchst. Der zweite Pappring liegt auf dem Tisch vor dem Paravent.

Auf der Sitzfläche des Stuhls ordnest du die restlichen Requisiten folgendermaßen an:
- Vor die Rückenlehne stellst du die fünf geladenen Umschläge für den Zaubermappentrick so auf, dass du mit einem Griff den richtigen ergreifen kannst.
- Davor legst du die Zaubermappe und darauf das vorbereitete Kartenspiel.
- Die 20 Memorykarten legst du nach unserem Trickspruch sortiert in einem Stapel daneben.
- Der Ständer mit dem Umschlag mit dem Rechenergebnis, dem Block und dem Stift stehen links vor der Mappe.
- Neben der Mappe liegt der Beutel mit den Filmdosen, die ungeladene Filmdose und der Groschen sind ebenfalls darin.

- Das Tablett mit den Requisiten für das Schlusskunststück passt jetzt kaum noch auf den Stuhl. Deshalb stellst du es auf die Erde, und zwar an eine Stelle, wo du nicht vorbeigehen musst. Auf dem Tablett steht der große Becher, in ihm versteckt der kleine, darauf die Papierröhre und daneben das Gummiband.

Wenn du dir die Aufstellung aller Sachen betrachtest, wirst du feststellen, dass jeweils alle Requisiten für ein Kunststück zusammen sind und alles so steht, dass du es in der Reihenfolge, wie du es brauchst, gut aufnehmen kannst. Das ist ganz wichtig, denn während deiner Vorstellung bist du wahrscheinlich aufgeregt genug. Wenn du dann noch überlegen müsstest, wo denn nun welche Requisiten in welcher Reihenfolge zu suchen sind, würdest du bestimmt durcheinander kommen. Also, alles gut vorbereiten!

Noch ein Wort zur Ladung im Jogurtbecher: Dies ist unser Schlusstrick und deshalb solltest du den Vorschlag aus der Trickbeschreibung befolgen und dir eine Buchstabenkette basteln, auf der AUF WIEDERSEHEN oder ENDE steht. Die produzierst du dann, nachdem du alles andere herausgeholt hast (Bonbons, Luftschlangen ...), und signalisierst das Ende der Show!

Die Zaubershow

Die Vorführung

Nun wollen wir dir den Ablauf der ganzen Zaubershow einmal von vorne bis hinten genau beschreiben. Wenn du das Programm gelesen hast, wirst du wahrscheinlich sagen, „Das kannte ich ja schon alles." Stimmt auch! Aber erstens ist die Vorbereitung mehrerer Kunststücke etwas anderes als ein Einzeltrick und zweitens ist es wichtig, dass du zwischen den Kunststücken weißt, was du sagst. „Jetzt zeige ich das nächste Kunststück!" oder „Und nun …" ist etwas dürftig. Wenn du also ein eigenes Programm zusammenstellst, achte neben dem Einstudieren der Einzelkunststücke auf folgende Punkte:

- Was sage ich zur Begrüßung, als Überleitung zwischen den Kunststücken und als Verabschiedung?
- Wo kommen die benutzten Requisiten hin, damit sie mich nicht beim weiteren Ablauf der Show behindern?

Doch nun ist alles bereit, der Zylinder wird gerade gerückt, die Musik angestellt. Die Tür geht auf und die Zuschauer kommen herein.

1. Du stehst neben deinem Zaubertisch und lächelst sie freundlich an, auch wenn du wahnsinnig aufgeregt und nervös bist. *„Bitte nehmen Sie Platz! So, dass alle gut sehen können! Danke!"* Du hast zwar noch nicht angefangen, aber du sprichst mit den Zuschauern und hilfst ihnen einen guten Platz zu finden. Denjenigen, der an der Seite stehen bleiben will (weil er hofft, dir von dort auf die Schliche zu kommen), bittest du höflich sich auch hinzusetzen: *„Würden Sie sich bitte auch hinsetzen, es ist für alle Platz. Bitte, von dort macht es auch viel mehr Spaß!"*

2. Nachdem alle sitzen, wartest du noch etwas. Dann stellst du die Musik aus (vielleicht macht das auch ein Assistent auf ein Kopfnicken von dir?) und begrüßt nun offiziell dein Publikum: *„Liebes Publikum, ich freue mich außerordentlich Sie heute hier begrüßen zu dürfen und hoffe, dass Sie sich gut unterhalten werden. Ich möchte Sie ein wenig in die Welt der Zauberei entführen und habe dafür einige Kleinigkeiten vorbereitet. Fangen wir an!*

3. *Zuerst ein kleines Experiment mit zwei Seilen."* Dabei zeigst du auf die beiden Seilenden an der Stuhllehne. Du nimmst jetzt das präparierte Zauberseil in die Hand. Dabei drehst du dem Publikum kurz den Rücken zu, damit es nicht sieht, wie du die Seile ergreifst. Wir wissen, du kannst es auch so, dass das Publikum dabei zuguckt, aber es ist das erste Kunststück und du bist garantiert so nervös, dass es vielleicht doch nicht klappt. Also vorsichtshalber kurz umdrehen.

4. „Diese beiden Seile sollen bei einem spannenden Knotenexperiment die Hauptrolle spielen. Aber bevor ich damit beginne, möchte ich ganz kurz die Kraft meiner Zauberworte zeigen: Ich sage nur ‚Abrakadabra' und … Aus zwei Seilen wird ein einziges!" Bei diesen Worten hast du an den beiden Enden des Seiles gezogen und es in seiner ganzen Länge gezeigt.

5. Mit dem Seil in den Händen verbeugst du dich kurz. Ach ja, es klappt natürlich auch mit einem anderen Zauberspruch. Vielleicht suchst du dir ja deinen eigenen Zauberspruch aus, den du dann immer bei allen Kunststücken benutzt. Aber *Hokus Pokus* und *Simsalabim* funktionieren auf jeden Fall immer.

6. Wahrscheinlich klatschen die Zuschauer jetzt. Das ist schön und du solltest dich darüber freuen – aber bitte nicht zu lange. Nach kurzer Zeit verbeugst du dich wieder kurz und sagst dabei: „*Danke für den Applaus!*". Dann machst du weiter.

7. „Nun ist das Seil auch lang genug, dass jeder es sehen kann, auch in der letzten Reihe! Ich habe Ihnen ein Knotenexperiment versprochen und das kommt nun auch. Einen Knoten mit zwei Händen in das Seil zu machen, das kann jeder. Aber was tun, wenn man nur eine Hand frei hat? In einer Zaubervorstellung ist alles möglich. Ein Knoten mit einer Hand? Bitteschön!" Während dieser Worte hast du das Seil für den Einhandknoten über deine Hand gelegt und beim letzten Wort den Knoten in das Seil geschlagen.

Die Zaubershow

8. *„Aus zwei Seilen eins zaubern, es zu verknoten, das ist ja alles gut und schön. Aber wozu kann man so etwas gebrauchen?"* Bei diesen Worten hast du den Knoten wieder aus dem Seil gemacht.

9. *„Nun, wenn man ein Seil perfekt beherrscht, so kann einem das schon helfen. Zum Beispiel, wenn man sich oder irgendetwas befreien will, wenn es mit einem Seil gebunden ist. Nein, ich werde keine Entfesselungskunststücke vorführen, aber eine kleine Befreiung."* An dieser Stelle führst du nun die Ringbefreiung vor, so wie sie im Trickteil beschrieben ist.

10. Am Ende des Tricks legst du die Requisiten in die Ablage (Kiste, Eimer, Tasche) unter dem Tisch.

11. *„Das nächste Kunststück beschäftigt sich nicht mit der Beeinflussung von Gegenständen, sondern … mit der Zukunft. Vergangenheit, Gegenwart und Zukunft – es ist alles verwirrend: Die Zukunft von heute ist die Vergangenheit von übermorgen – alles höchst kompliziert. Kein Mensch kann wirklich die Zukunft voraussehen, aber es gibt da so Ahnungen. Als ich vorhin allein in diesem Raum war, habe ich versucht mich auf Sie und den Raum einzustimmen … und dann habe ich etwas aufgeschrieben! Es steckt in diesem Umschlag, den ich für alle sichtbar hier auf den Tisch stelle!"* Bei diesen Worten hast du den Ständer mit dem Umschlag hervorgeholt, den Umschlag deutlich vorgezeigt und dann in den Ständer auf dem Tisch gestellt.

12. Nun führst du „Eine starke Vorhersage" vor. Am Schluss legst du alle gebrauchten Requisiten in die Ablage unter dem Tisch, nur den Ständer lässt du auf dem Tisch stehen.

13. „Solche Gedankenkräfte sind in vielerlei Hinsicht hilfreich – nicht nur beim Erahnen von Rechenergebnissen. Das nächste Experiment zeigt eine ganz andere Möglichkeit. Wissen statt Raten!" Du holst den Beutel mit den Filmdosen hervor und legst ihn auf den Tisch. Dann nimmst du die leere Filmdose und den losen Groschen heraus.

14. Jetzt kommt, du ahnst es schon, „Der sichere Griff". Du machst alles so wie in der Trickbeschreibung und am Schluss wandert alles in die Ablage.

15. „Sie fragen sich wahrscheinlich, warum ich nicht beim Lotto gewinne oder die Losbuden auf Jahrmärkten plündere, wenn ich schon solche Fähigkeiten habe? Nun, erstens klappt das alles nur, wenn man es zum Spaß macht – bloße Geldgier ist ein echtes Hindernis. Und zweitens kann man das alles lernen. Wenn das jeder machen würde, wäre es mit den Losbuden schnell vorbei. Und das will ich natürlich nicht! Sie glauben nicht, dass man das lernen kann? Nun, ich bin sicher, ein bisschen hat schon auf Sie abgefärbt. Versuchen wir es einmal. Diesmal nicht bei Zukunftswissen oder Loseziehen. Nehmen wir ein einfaches Kinderspiel: Memory."

16. Du hast die Memorykarten hervorgeholt und zeigst sie den Zuschauern. Wenn du nun den Memory-Trick vorführst, musst du zwei Dinge beachten und etwas anders machen als in der Trickbeschreibung: Da die Zuschauer nicht auf den Tisch gucken können, holst du einen Zuschauer zu dir nach vorne. Dieser stellt sich rechts vom Tisch auf, du links. Die Karten, die gezogen werden, müsst ihr immer hochhalten und dem Publikum zeigen. Während des Auslegens beschreibst du immer, was du tust, und bittest den Zuschauer das zu bestätigen. „Ich lege die Karten hier auf den Tisch verdeckt aus, wie immer beim Memory. Mache

Die Zaubershow

ich alles richtig? Sagen Sie dem Publikum bitte sofort, wenn etwas nicht stimmt!" Durch deinen Assistenten bekommen die Zuschauer auch das mit, was sie selbst vielleicht nicht gut sehen können.

17. Das Ende des Kunststücks ist dann auch etwas anders: Wenn du und der Zuschauer eure Karten vergleicht, werft ihr sie nicht auf den Tisch, sondern haltet sie immer beide gleichzeitig hoch, sodass alle Zuschauer sie sehen können.

18. Am Schluss des Kunststücks schickst du den Zuschauer wieder auf seinen Platz und die Karten wandern in die Kiste unter dem Tisch.

19. *„Ich sage ja, man kann das alles lernen und es färbt auch etwas ab! Nachdem ich nun weiß, dass es solche zauberhaften Kräfte auch im Publikum gibt, kann ich mich nun an ein Kunststück wagen, das ich sonst nicht zeigen würde. Ich benötige dazu nämlich die geistige Unterstützung des Publikums!"*

20. Du zeigst nun das Kunststück „Weggedacht". Die Zaubermappe stellst du während der Vorführung in den Ständer auf den Tisch. Es ist immer besser, wenn du solche flachen Dinge wie Umschläge und Mappe in den Ständer stellst, wo sie jeder sehen kann. Wenn sie flach auf dem Tisch liegen, sind sie fürs Publikum nicht zu sehen und dann vermuten diese alles Mögliche.

21. Nach dem Applaus wandern die Requisiten wieder unter den Tisch – diesmal auch der Ständer. Die vier nicht benutzten Umschläge lässt du schön auf dem Stuhl stehen, sonst wäre ja ein Teil des Tricks schon verraten.

22. Der Stuhl ist nun leer, der Tisch auch – Zeit für den Schlusstrick: *„Meine Damen und Herren, wenn es soweit ist, dass auch schon das Publikum zauberhafte Kräfte entfaltet, dann muss ich langsam Schluss machen. Aber eines möchte ich Ihnen noch zeigen, als Dankeschön für Ihre Aufmerksamkeit."* Dabei holst du das Tablett hervor und stellst es auf den Tisch. Ganz vorsichtig, damit jetzt nicht noch etwas umfällt und du ohne Schlusstrick dastehst.

23. Du zeigst den „Schlusstrick" und beendest dein Programm, indem du die Buchstabenkette hervorziehst: *„Was steht da? Auf Wiedersehen? Na, dann muss ich wohl wirklich Schluss machen ... Ich bedanke mich bei Ihnen! Dankeschön! ... und vielleicht bis zum nächsten Mal."*

24. Nun sollten du oder dein Helfer die Musik wieder anstellen und nachdem die Zuschauer genug applaudiert haben, werden sie den Raum verlassen. Sie haben jetzt ja genug gesehen um sich den Kopf zu zerbrechen und sich zu unterhalten. Du wartest mit

dem Aufräumen bis der Letzte rausgegangen ist, und dann kannst du dich hinsetzen, tief Luft holen und dich freuen, dass alles geklappt hat.

TIPP

Ach so, was machst du eigentlich, wenn etwas nicht klappt? Auf keinen Fall ist das eine große Tragödie. Das kann passieren, besonders am Anfang. Während der Vorstellung beendest du das Kunststück einfach mit den Worten: „Liebes Publikum, leider ist alles ganz anders gekommen, als ich es geplant hatte. Dieses Kunststück kann ich Ihnen nun leider nicht bis zum verblüffenden Schluss vorführen. Das tut mir Leid, aber einem Zauberlehrling kann das schon mal passieren." Dann packst du die Requisiten zur Seite und zeigst das nächste Kunststück. Ganz ruhig bleiben! Nach der Vorführung solltest du jedoch gut überlegen, warum der Trick schief ging. Hattest du bei der Vorbereitung etwas übersehen? War die Präparation nicht gut genug? Hattest du nicht genug geübt oder ist dir in der Aufregung der Spruch nicht eingefallen? So kannst du dann dafür sorgen, dass das Kunststück beim nächsten Mal klappt.

Viel Spaß und Erfolg für deine ersten Zaubershows wünschen Uwe und Michael!

Der Text dieses Buches entspricht den Regeln der neuen deutschen Rechtschreibung.

ISBN 978-3-8094-2160-3

© 2007 by Bassermann Verlag, einem Unternehmen der Verlagsgruppe Random House GmbH, 81673 München
© der Originalausgabe by FALKEN Verlag, einem Unternehmen der Verlagsgruppe Random House GmbH, 81673 München

Die Verwertung der Texte und Bilder, auch auszugsweise, ist ohne Zustimmung des Verlags urheberrechtswidrig und strafbar. Dies gilt auch für Vervielfältigungen, Übersetzungen, Mikroverfilmung und für die Verarbeitung mit elektronischen Systemen.

Umschlaggestaltung: Atelier Versen, Bad Aibling
Fotos: Maria Kuhlmann, Senden
Redaktion: Ronit Jariv, Uta Koßmagk
Redaktion dieser Ausgabe: Birte Schrader
Herstellung: Sabine Vogt, Petra Leupacher
Herstellung dieser Ausgabe: Sonja Storz

Die Ratschläge in diesem Buch sind von den Autoren sorgfältig erwogen und geprüft, dennoch kann eine Garantie nicht übernommen werden. Eine Haftung der Autoren bzw. des Verlags und seiner Beauftragten für Personen-, Sach- und Vermögensschäden ist ausgeschlossen.

Druck: Mohndruck, Mohn Media, Gütersloh
Printed in Germany

15140103X817 2635 4453 62 71